ディスレクシアでも活躍できる
Dyslexia

読み書きが困難な人の働き方ガイド

藤堂 栄子 編著　　NPO法人 エッジ 著

はじめに

　類は友を呼ぶのか、ディスレクシアの周りにはディスレクシアの人たちが集まってきます。ディスレクシアの啓発と支援を始めて16年経ちますが、その間多くのディスレクシア本人にも巡り合うことができました。大人になったディスレクシアの人で、NPO法人エッジが主催しているDX会に参加している人は、読み書きの困難さを持ちながらもどうにか工夫や持ち前の力を使って社会で活き活きと活躍しています。

　読み書きに困難があっても、生き延びるすべがある。本人らしく、持ち前の面白さを活かして社会で活躍する先輩たちに学ぼうではないか、ということを目的にこの本を作りました。

　現代では、読み書きの困難を、ディスレクシアという名前は知っていても、見た目に健康そうで、人とのコミュニケーション力もあり、ちょっと忘れ物が多いけれど、立ち歩いたりするわけではないと、保護者も学校も見過ごしてしまいがちです。また、まるっきり読めないわけでもないので「怠けている」「家庭教育がなっていない」などと誤解されがちでもあります。

　ですから本人は、周りとどう違うのかわからないまま育つことが多いのです。そして、周りも対応にもう少し負荷をかけて教え

ればできるようになるのではないかと期待して、間違った対応をしがちです。

　小学校や中学校を訪問すると、【「読み書き計算」ができないと社会に出て困るからしっかりと覚えましょう。少なくとも、スラスラと音読ができて、漢字の止めハネはらいをしっかりと、書き順も大事、計算は九九くらいはできないと前に進めません】ということばを耳にします。となると、ディスレクシアの人は小学校のはじめから将来真っ暗という印象を持ってしまいます。

　実際の社会では、読み書き計算が手書きや筆算では遅かったり不正確だったりしても、持ち前のやさしさ、発想力、運動能力など、他の力を活かして活躍している人たちがいっぱいいます。

　ディスレクシアということばは、「大人になっても残るのだ」ということがわかってきたのは本当に最近です。成功している人たちから色々なヒントを教えてもらうことで、就学前、小学校から高等教育までのディスレクシアの人たち、すでに仕事についているけれどなんだかしっくりとこない人たち、と、その人たちの周りにいる人たちに、ディスレクシアでも自分らしく生き延びる方法をわかってほしいと、この本をまとめました。

NPO法人エッジ代表　藤堂栄子

はじめに　3
DXとは／DX成功の共通点／DX会の紹介／DXメンバーの紹介

1部　自分らしい仕事を見つける

1章　自分を振り返る　13
1　過去を振り返ると見えてくる　14
2　自分の好きを見つめる　18

僕たちの学生時代　●DX会メンバー4人の学生時代　22
- 自分がわからなかった　23
- 学校には行きたくなかった　29
- 読み書き困難を楽しもう　35
- 努力が、結果と結びつかない　41

2章　自分の夢を振り返る　47
3　夢から自分を見つける　48
4　夢から仕事が見えてくる　52

僕たちの就職　●DX会メンバー4人の初めての就職　56
- いつも引っかかる　57
- やりたいこと と やれること　63
- 就職か？　放浪か？　69
- 居心地の良い場所　75

3章　自分の強みから仕事を探す　　81
　　　5　自分の強みを活かす　　82
　　　6　自分にできる仕事　　86

僕たちの再出発　●DX会メンバー4人の再就職　　90
・自分に向いている会社を求めて　　91
・公表して働く　　95
・文字から粘土へ　　99
・ディスレクシアの生きる道　　103

2部　自分らしい職場を見つける

❶　自分に合った職場を探す　　108
❷　入社してから　　118
❸　トラブルや変化に対応　　126
❹　他のフィールドを持とう　　130
　●　企業の人の話　　134
❺　起業・自営という選択　　142
　●　起業した人　　145

DX度チェック／合理的配慮について／マルチ知能理論について
あとがき　　157

DXとは

　ディスレクシア（DX）は、知的には決して低くないのにも関わらず、読むことに時間がかかり、正確さにも問題がある場合を指します。その結果として書きにも困難さが残ります。文字と音を結びつけて操作する力がスムーズにいかない、そのうえで視覚的に入ってくる情報の処理がうまくいかないこともあります。同時に記憶の弱さや不器用さ、感覚の過敏や鈍さなどもありえます。
　生まれつきであり、環境や対応が適切でないと学習をする機会を奪われることや、ひいては学校に行くことがつらくなったりして、結果として自分が好きな分野の勉強をしたり、仕事につけないというような現状があります。「障害者差別解消法」や「発達障害者支援法」ができて対応が進むはずですが、友達と遊ぶことができ、ことばが出ていて、体の成長も問題がないと、本人の努力のせいだと思われがちです。
　大人になっても、学校とは違った困難さが待ち受けています。議事録を取る、仕事の相手先を訪問する時に電車を乗り間違える、日程や場所を間違える、報告書を作る、メモを取る、マニュアル通りに動く、電話をかけ間違える、計算ミスをするなど、いくらでも困難さがあります。しかし、これらの困難さは工夫や支援機器で補えるものであったりします。
　一番困るのは、子どものころから注意されたり、笑われたりし

てきて自信を無くしていたり、その場しのぎの言い逃れをしたりすることを学んでしまうことです。

(P152に、DX度チェックがあります)

DX成功の共通点

よく、「大人になったディスレクシアの人は、どのようにしているの？」という質問を受けます。

DX会を10年以上つづけている中で、1人ひとりが持ち前の能力を十分に活かして活躍する社会を目指していますが、そのためにはいくつか共通項があることがわかってきました。それは……

1　幼い時からの　好き　を保っている
2　自分のことが　わかって　いる
3　自分を　認めて　くれる人がいる（た）
4　読み書き　以外　で勝負している
5　不得意をどう　カバー　するか知っている
6　困った時に　ヘルプサイン　が出せる

DX会の紹介

　英国にあるADO（Adult Dyslexia Organization）に触発され、日本でも唯一の成人ディスレクシアの集える会を2005年から始めました。目指したのは、居てホッとできる場、それぞれの良さが発揮できる場です。

　DX会では、福祉医療機構の助成を受けて、2年にわたり「就労支援」を目指して12回のワークショップを重ねました。その結果、参加した6名中5名がそれぞれの仕事につながり、またはすでにいる職場で働きやすい環境を作り、現在に至っています。

　NPOの職員、食品会社の研究員、衛生商品の営業、転職はしたけれど職種は変わらない建築デザイナー、外資系のゲーム会社から福祉の現場への転職と職種も仕事の仕方も様々です。

DX会とは

- ほめ合う
- 自信を持つ
- 苦手なことを捨て、得意な分野を伸ばす

　細く長くをモットーに2カ月に1回、ゆるいルールで開催しています。2015年からは夜間DX会も開催中です。（担当柴田）

DX会ブログ

http://blog.livedoor.jp/npo_edge/archives/cat_50024738.html

DX会メンバーの紹介

　DX会に当初から参加している若者たちも、10年以上参加している間に中堅になってきています。それぞれの人生を歩んでいますが、DX会を交差点としています。性格も、見た目も、得意なこともそれぞれ独特ですが、苦手なところは見事に共通しています。読み書きです。困難さの程度も色々ですし、乗り越えるための工夫の数々もそれぞれです。

　具体的な話はそれぞれに任せるとして、本書に登場する、4人のプロフィールをここで少し紹介いたします。

● 横田さん

海外で教育を受けた経験があり、日本では色々と苦労をしながらも自分で道を切り開いています。物知りで、タブレット端末が市場に出ると、すぐに色々な使い方を教えてくれました。植物に関しては、気づかないようなことや、面白い発見をさせてくれます。唯一手帳を取っての就労をしていますが、仕事の内容は高校から通して学んだ、植物関連の仕事で活躍しています。

● 柴田さん

　エッジの事務局で働いています。健康管理がしっかりとしてい

て、これまで病気で休んだことは１回もありません。この抜群の安定感は何にも代えがたいありがたい能力です。広報用のメルマガ、など、10年間欠番なしで継続することはたやすいものではありません。ＤＸ会の事務局を務めています。多少の間違えも、「ディスレクシアのモデル」として活躍しています。

● 村松さん

プロレス、相撲、カメ、ザリガニをこよなく愛しています。彼は、他人のことを心から尊敬してほめるので、たくさんいいことが起きます。飲み屋さんで隣り合わせになった人の字がきれいだったので、ほめまくり、代わりに履歴書を書いてもらったという逸話があります。働くことに関しては、180度の方向転換をして大成功しました。彼の良いところが発揮できる職場で活躍しています。

● 藤堂高直さん

NPO法人を作るきっかけとなったわが子です。日本の小中学校では、教師によっては理不尽な対応をされ、本人たっての希望で留学しました。1999年に、「ディスレクシアではないか」と留学したての英国で言われました。現在は、シンガポールで建築デザイナーとして働くかたわらで陶芸、小説、エッセイなどをしたためて色々と受賞もしています。研修やインターンまで入れたら相当色々な職場を体験し、今やっと、自分を十分に発揮できる職場で活躍しています。

1部
自分らしい仕事を見つける

　DXの人が力を活かして活躍するためには、自分には何が向いているのかを知ること。方向転換はあとからしても大丈夫です。自分の強み弱みの両方を知ること。読み書きの困難がどの程度なのか、どの部分はできるのか、他の人よりもできることは何か……そのうえで、自分の得意なこと不得意なことを伝えられることが大切です。

　現在小学生くらいでしたら学校でも対応をすることとなっていますので、大きくなった時に自分の能力を発揮するためにどうしたらよいかを知り、伝えることができると思いますが、今すでに大人になっている人たちは、自分をちょっと振り返って自分の棚卸しをしてみましょう。

1章

自分を振り返る

1　過去を振り返ると見えてくる
2　自分の好きを見つめる

1 過去を振り返ると見えてくる

● 否定的な自分のイメージ

どんな人でも、自分を客観的に理解することはとても難しいことです。とくにディスレクシアの人たちは、読み書きが困難なために学校や家庭でも勉強ができないと言われてきたり、自分では他の人とどう違うかを理解できなかったりして、自分に対するイメージが否定的になってしまうことが多くあります。

● 真っ赤な訂正文字

はたから見てそれほどひどい目にあっていないように見えても、しなやかで感受性豊かな子どもたちからすると、とても理不尽な拷問にあっているような日々だったりするのです。
　例えば、「宿題で毎週10個の漢字を覚える」。あたりまえのように思えますが、読み書きが困難だと、形が似ていたり、意味が似ていたり、音が似ていたりという漢字を間違えたりします。
　子どもたちは、一生懸命10個ずつ書いた宿題に、真っ赤な訂正を入れられ、「あと20回ずつ書いてきなさい」というような理不

尽な指導を受けます。
　このようなことが積み重なると、いつの間にかやる気がなくなり「うつ」に近い状態になるのだとも言われています。

● 過去の記憶

　DX会のメンバーに聞くと、「小さい時のことはほとんど覚えていない」と言う人がほとんどでした。言いたくないというよりは、記憶を封印してしまい、「記憶からそのころのことがすっぽり抜けているような感じ」だそうです。それは、大きなストレスを受けた時の、一種の防衛本能とも言われています。

● 楽しかったこと、好きだった物を縦糸に

　しかし、何が楽しかったのか、好きな物は何だったのかなどを縦糸に過去を探ると、良い記憶が戻ってきます。これは、「うつ」の改善にも役立つ療法として知られています。
　またこれは、自己理解の糸口にもなります。本当は自分は何が得意だったのか、好きなことは何だったのかを思い出すことによって、気分が晴れやかになったり、また、自分の忘れていた良いところも思い出してきます。
　そして、それを人に伝えることで、自分のことを整理できるようになります。

就労・Work 1

過去を振り返ってみよう

過去を振り返ることで、新たな自分を発見することもたくさんあります。過去は宝の山なのです。

好きだったこと、夢中になったこと、得意だったことを思い出してみましょう。

WorkBook 1

● 今までの過去を振り返って、自分の体験で印象的だった出来事、うれしかったことを、絵でも、文字でも書いてみよう。

うれしかったこと
・
・
・

DX会ワークショップレポート **1**

楽しかったことを
振り返る

第21回DX会　2008年12月21日

　第21回DX会は、20人（男14名、女6名）で開催されました。

　今回のお題は、『今年あった楽しかったこと、印象に残ったこと』を、文字、文章、絵などで表現するでした。

　はじめは、「できない」とすねていた参加者もいましたが、周囲が絵を描いたり、文字を書く姿に感化され、自然にクレヨンを使って何かをしようと変わっていく姿には驚かされました。

　作品が完成したあと、1人ずつコメントをし、質問を受け付けました。それぞれの個性に合わせて、様々な色で表現してあるので、見るほうも楽しくなりました。大人でも童心になれば、「お絵描き」は楽しいものです。

　「質問を受け、答えるたび」に自分の存在が認められて、満足感を得ます。発表後、拍手を受ける発表者の目がイキイキとする表情はすがすがしく感じられました。

　最後に自分の作品をレンズに向けて、記念撮影をしました。どの顔を見ても、みんな楽しそうで、何か達成したという充実感が漂っていました。

　「誰かに何か支援してもらう」ではなく「自分で、自分の生きる方向を見つける」。この感動が、DX会の目指す目標です。

2 自分の好きを見つめる

● 楽しい思い出は、脳の活性化、活力に

　人は楽しい時や、楽しい思い出について考えている時に、脳が活性化していることがわかってきています。自分が一番イキイキとしている時はどんな時か、どんな場所の居心地が良いか、誰といる時が楽しかったか、何をしていたか、情景とか色とか匂いとか味とか、風とか温度などを思い出してみましょう。
　自分が一番自然な状態で楽しいことを思い出すと、自分の思わぬところに気づくかもしれません。

● 自分の興味の延長線上に何があるか知る

　花が好き、料理が好き、歴史が好き、物の構造を知るのが好き、宇宙のことなら任せて、友達と話しているのが楽しい、動物が好き、散歩するのが好き、楽器を弾いている時が楽しい、広いところで思いっきり体を動かすのが好き、ゲームが好き、じっくり考えるのが好き……色々な好きがあると思います。
　夢をあきらめないで！電車が好きだったら、運行ダイヤを考

える人、駅員さん、車掌さん、運転手さん、中吊りの広告を吊る人、駅舎を作る人、システムを考える人、デザインする人などいくらでも自分の好きを活かすことができます。誰にも得意、不得意があります。得意なことを活かすと楽しいですね。

● 今の自分に自信が無くても大丈夫

有名なディスレクシアの人たちは皆声をそろえて、「失敗したら、それはうまくいかない方法をひとつ知ったことになる」、「失敗を恐れて何もしなければ、何もしていないことになる」と言います。
　人は皆生まれながらに何か持って生まれます。それを最大限に活かすことが大切です。1回でうまくいかなくても色々と工夫していくと、好きなことだったら何か生まれるはずです。無理をしないで、自分のいいところを考えていくとだんだん自分が好きになれます。周りもそれをつぶさないでほしいと思います。

● 自分について人に伝えてみる

自分のことを好きになってきたら、自分の興味のあること、得意なこと、楽しかったことなどをまとめてから人に伝えてみましょう。話してもいいし、絵に描いて紙芝居みたいにしてみるのもいいです。パソコンなどを活用して伝えたり、写真やビデオに撮って披露したり、方法は色々とあります。

就労・Work 2

自分について話してみよう

自分のことを人に話したり、絵に描いたり、書き出したりしておくと、ちょっと気分が滅入っても、乗り越える活力になります。

自分の得意なことや好きなことについても、友人や家族と自己紹介をしながらしてみましょう。

WorkBook 2

● 自分の好きなことやテーマを決めて、周りの人、友達や家族に話してみよう。テーマは、「お昼に食べたいもの」、「子どもの時にどんな遊びをしたか」などなど、何でも良いです。

テーマ
・
・
・

DX会ワークショップレポート **2**

コミュニケーション力を考える

第20回DX会　2008年10月4日

　第20回DX会は、10人（男7名、女3名）の出席で、全員顔見知りの会合で、充実したワークショップが行われました。

　コミュニケーション力をみんなで考えてもらうために、今回のお題は「過去1週間を振り返って」でした。どんな小さなことでもいいのです。「フランス語を習った」「カレーライスを作る計画を立てている」「おみこしを担いだ」などけっこう話題が出てきます。

　自分にとっては、とるにたらない体験、ふつうのこと、忘れたいつらいことであっても、相手にとっては価値ある情報かもしれません。

　これをまずペアを組み、1対1でお互いに発言し合い、次に参加者を半分に分け、4～5人で語り合いました。このグループディスカッションの時には、活気づき始めました。

　発表の際には、このディスカッションで印象に残ったことを、参加者が自分の表現手段で描きました。ホワイトボードいっぱいに、文字あり、絵ありで、参加者の感性の多様さを感じます。そして、最後に1人ひとり、なぜ自分がこのような形で表現したかを発表しました。

　発表者がひと言コメントをしたあと、自然に拍手が起きました。「あなたの意見を承認しました」というサインです。

　参加者のみなさん、どうもありがとうございました。

僕たちの
学生時代

● DX会メンバー4人の学生時代

・自分がわからなかった（横田）

・学校には行きたくなかった（柴田）

・読み書き困難を楽しもう（村松）

・努力が、結果と結びつかない（藤堂）

自分が
わからなかった

障害者雇用・大手食品メーカー勤務（契約社員8年目）　横田 健

● 親が呼び出される

　僕は、「読む」、「書く」が最初からできませんでした。ひらがな、カタカナを覚えるところから難しく、ひらがなを何とか書けたとしても、文章としては、「どうなのだろう？」というものでした。授業の時、音読で読みまわしをするとついていけなくて、読みなさいと言われても、「それどこ？」という感じでした。
　そんななので、宿題はやっていませんでした。無理やりやらされたとしても、やったからといって覚えられるわけでもなく……だから、親が呼び出されました。
　成績にはすごく差があり、社会や理科はなんとなくわかってしまうのに、国語などはついていけないので、「さぼってる」、「不真面目だ」と先生に思われ……だから、親が呼び出される。
　親は単純に、「夏休みにちゃんと勉強しようね」という感じでした。

社会や理科は、先生に掘り下げた質問をするので、授業妨害だと言われていて、最終的には先生に無視されていたと思います。そんななので、担任は嫌いでした。
　このころから、自分としては困ってるんだけど、困ってるって言っていいのかがわからない感じで、もやもやとしていました。

● 楽だったアメリカと帰国子女としての日本

　小学校2年生の後半から2年間、父親の仕事の都合でアメリカに行きました。
　私の過ごしたアメリカの学校では、日本のようにはっきりとした時間割は無く、自分のやりたい順番で、自分のペースでプリントをやって、わからないことは隣の子や先生に自由に聞けることが普通の環境でした。苦手な課題は疲れるので後回しにしたり、集中して授業を受けることができました。また、授業中に掘り下げた質問をすることは、教科に対する関心の深さの姿勢として、日本とは違いほめられることに混乱しました。
　みんなで揃って何かを一緒にやるということがほとんどないので、それは僕にとってすごく助かりました。しかし、楽だけど何で楽なのかはわかりませんでした。
　小学校4年生で日本に戻ると、帰国子女だからということで、ちょっと変わった奴で通っていました。勉強ができなくても、「帰国子女だから」ということで大目に見てもらえていました。
　しかし、漢字はほとんどできず、居残りのようなことはかなり

させられました。その時は、「自分の覚え方が悪いんじゃないか」と思っていました。周りにもそういうふうに見ている感じでしたし、僕自身も一生懸命やっても全然ダメっていう……。

中学校に上がっても、成績はダメでした。

中学校に入って、人との関わりなどが変化して、帰国子女というのもあり、軽いいじめがありました。でも、担任の先生がちゃんと目を配ってくれる人で、そこまでひどいものにはなりませんでした。

● 再びアメリカへ

そしてまた、中学2年生の時に1年間アメリカに行きました。土曜日は日本人学校に行き、平日は現地の学校に行っていました。

現地の学校では、入るとまず、コーディネーターの人がついてくれて、選択科目など様々な相談に乗ってくれます（大学のように科目選択制であったため）。

コーディネーターの人に、筆記体が読めないことを伝えると、黒板に書いてある筆記体をゴシック体でノートを取ってくれて、コピーを渡してくれるクラスメイトのボランティアを、手配してくれました。なので僕は、授業でノートを取らずに、そのコピーをファイルするだけでよかったので、聞くことだけに集中することができました。

ノートを取りながら授業を聞くと、ぜんぜん耳に入ってこないのですが、授業が英語であっても聞くだけだと耳に入ってきます。

結果的にそれがすごく良かったようで、良い成績でした。

しかし、自分がノートを取るのが苦手ということに気づいていなかったので、「何か知らないけど、授業が頭に入ってくる。でも、なぜなのかよくわからない……」という感じでした。

テストの時も、いつも口頭でやってもらっていました。さらに、個別でのテストをしてくれて、僕が書けないことを先生はわかっているので、選択式のテストにしてくれていました。要は、「内容を理解していれば、それは成績なんだ」という、すごく合理的な考えでした。

そして、コーディネーターの人は、僕にタイピングをすることを勧めてくれました。手書きだと、文字を思い出そうとする間に書きたかった内容を忘れてしまうし、書く内容を思い出すと、文字を忘れてしまう……今では、タイピングができないと何もできません。今思えば、コーディネーターの人は、僕がディスレクシアであることに気がついていたのかもしれません。

読み書きに対して支援のあったアメリカの中学校では、毎学期、成績優勝者として表彰されていました。

● 再び日本で、できない自分に

中学3年生で日本に戻ってきて、成績はジェットコースターのように落ちました。自分ではわけがわからなかったです。

でも、週に1回行っていた日本人学校では、怒られてばかりだったので、まあなんとなくはわかってたんですが……。

日本の学校では、「アメリカが簡単だったんだろう」と言われたりもしたのですが、自分ではそうでもないような気もしていて……。アメリカではできていたことも、日本だと何もできなくなってしまう自分がいました。

● 高校選び

　高校進学を決める時、成績は悪かったので、「廊下でバイクが走っているような学校」か、「農業高校」かで、僕は農業高校に行くことにしました。
　自分が少し変わっていることは、自分でもいつのまにか気が付いていて、おそらく小学校の後半くらいから、自分はちょっと人と違うと感じ、中学校ではそれを確信していました。
　農業高校に見学に行った時、金髪のお兄ちゃんが牛を引いてたりして、なんとなく、「この学校楽しそうだな」って感じました。ずっと教室にいるのも嫌だったので、実習が多く、教室の外で手を動かせることも農業高校に決めた理由のひとつです。

● 結果的に良かった農業高校

　農業高校には、すごく色々な人がいました。農業を選択するってこと自体が当時はすごく変わっていたことなので（現在は漫画などの影響で大人気ですが）、高校では逆に浮かなくなりました。
　農業高校には、農業高校の全国大会というものがあって、研究

発表や鑑定競技（牛の目利きとか）や、平板測量する大会があったり、食品・園芸だと材料の名前を覚えたり、農薬や植物の病気を当てたりします。学校の授業はできが悪かったですが、この大会では活躍していました。

　農業高校を選択したのは、僕にとって結果的に良かったです。テストやレポートは苦手でしたが、実習、課外授業では評価してもらうことができました。

● 自分に合ったものを選ぶこと

　ずっと日本にいたら、今の僕は、ないなと思います。生きていたかもわからない感じです。

　僕は、アメリカに行くたびに、息を吹き返していたのかなと思います。日本に帰ってくるとまたボコボコで、そのくり返しでした。高校は、その中間くらいでいけたのかなと思います。

　自分では、何かおかしいと気づいてはいたけど、なぜだかはわかりませんでした。先生に相談しても、一方的に「できない僕が悪い」としか言われないので、そう思うしかありませんでした。

　できることが選べないと、何もできなくなってしまいます。アメリカがで、周りが色々と選択肢や組み合わせを出してくれた経験から、僕は自分に合った高校を選ぶことができたのだと思います。

　選択肢が多いということは、とても大事なことです。

学校には
行きたくなかった

NPO法人勤務12年目　柴田 章弘

● 小学校時代になりたかったモノ

　幼稚園のころから小学校低学年のころまでは映画、テレビ、友だちの影響で、宇宙飛行士か、飛行機パイロットになりたかった。4年くらいになると、運動が苦手なので、スポーツ選手になれないことはわかってきた。5年くらいで、クラシック音楽を聴くことが好きになり、オーケストラの指揮者になりたかった。

● 「楽しくない」だらけだった

　集団生活に馴染んでいるようで、浮いている幼稚園、小学校時代だった。
　なかなか友だちが作れず、仲間に入っても、本当に楽しんでいなかった。幼稚園も小学校も所属しているだけで、居場所としての安心感はなかった。集団行動が苦手で、友だちも少なかったので、楽しくなかった。同級生と比較して、明らかに運動能力、書

写能力、記憶力が劣っていたので、劣等感の塊だった。

　自分をサイボーグにして、身体を取り替えて欲しいと望んだこともあった。運動が苦手なくせに身体が丈夫で、めったに風邪をひかなかった。そのため学校を休めず、体調を崩し欠席する友だちが、うらやましかった。

　家では、両親から勉強するように強要されなかったので、宿題以外に自宅学習をしたことがなかった。

「読み」ー 教科書は半分くらい

　長文を読むのが苦手で、本を1冊まともに読めるようになったのは5年生になってからだった。当然、教科書も半分ぐらいしか理解できなかった。算数の文章題は苦手だった。

「書き」ー ノートは白紙状態

　3年生くらいまで、友だちはノートを取っていたが、私はわけがわからず、いたずら書きばかりしていた。ノートは白紙状態だった。板書を教師に怒られた時のみ無理に書いたが、記憶は不鮮明だった。見直しても不完全で、復習はできなかった。

「記憶力」ー 暗記、描写が苦手

　図形や文字の暗記は苦手で、人よりも時間がかかった。写生をしてもなかなかうまく写し取れず、実物とはまったく別物になってしまった。海老を描くつもりが、怪獣になってしまったりした。

● 一番楽しかったのは学校が休みの日だった中学時代

　クラスメイトのように音楽、美術、技術家庭、運動ができないので、サラリーマン、公務員になれそうもないと悟った。将来は自営業、自由業に従事したかった。

　中学校は友だちもできず、勉強も面白くなかったので、毎日行きたくなかった。1日学校に行くと座って授業を受けるだけでも、神経を使ってひじょうに疲れた。

　卒業文集のアンケートで、「中学時代、一番楽しかった行事は何か」という設問があったので、「学校が休みの時」と回答した。担任教師に、「ふざけるな」と注意を受けた。ふざけているのではなく、本音だった。集団行動が苦手で、いつもグループ内で孤立していた。

● 急に大人の社会に

　苦手な科目は国語と体育だった。勉強は急に難しくなり、点数が取れなくなった。

　国語は、「作者の言いたいことを書け」などの本文の中に答えがあるものが探せなかったので、いくら勉強しても成績が上がらなかった。小学校時代はそれほど嫌いではなかったが、急に嫌いな科目になってしまった。

　体育は、とにかく集団で行う球技が苦手で、バレーボールやバスケットボールは、ルールをなかなか覚えられなかった。

進学すれば、楽になるだろうという、淡い期待と夢を胸に、毎日、家と学校を往復していた。中学は皆勤賞をもらったのが唯一の表彰だった。写真撮影と音楽鑑賞のみが楽しみだった。

　小学校は子どもの世界だったが、急に大人の社会に投げ込まれた気がした。

「読み」— たどたどしく読めた

　難しい漢字は読めなかったが、教科書は読めた。音読で読めない漢字は飛ばして読んでいた。教科書や試験問題など理解できないことが多かった。音符も読めず、音楽は苦手だった。

「書き」— ノートはいつも不完全

　板書を写すのが遅かったので、しばしば、教師に消されてしまって最後まで書けなかった。面倒くさくて放っておいたため、ノートはいつも不完全だった。中学1年の1学期まで、なんでノートを取るのか理解できず、多く板書する教科は意図的に書かなかった。

「記憶力」— 間違って覚えていた

　正確に覚えられず、漢字の部首と英単語を間違えて覚えていた。立体的な図を使うようになると、じっくり見ても記憶ができなかった。デッサンのように書き写すのが苦手だった。音楽は周囲のスピードとリズムに合わなかった。

● 孤立していた高校時代

　行きたくて行った高校ではなかったので、やる気が起こらなかった。話の合う友だちもできず、いつも孤立していた。
　クラブ活動にも入らず、テレビで、ＮＨＫ高校通信講座を見るのが楽しみだった。このころは、大学へ入れれば人生が開けると盲信していた。
　長期休みのたびに、予備校に通った。授業は充実していたが、レベルが高すぎてついていけなかった。内容は知的好奇心を満たしてくれたが、かなり背伸びしすぎで、頭に入らなかった。

● 雑文が担任にほめられた

　ある時から、自分でテーマを決め雑文を書くことを始めた。高１の担任と、１学期間交換ノートをしたことがある。「日本の受験体制について」、自分の意見を書いたのがきっかけだった。記憶は定かではないが、たいへんほめられた。
　それ以来、自分のノートに、本の感想、テレビで見たスポーツ観戦記をメモ程度に書いていた。
　何を書いたかほとんど覚えていない。腹の中に浮かんだ考えを外に吐き出していた感じだった。ストレス解消の手段になっていた。

● 自己虐待をしていたような予備校時代

　大学受験は、勉強不足で失敗した。予備校の授業を受ければ学力が上がると思い込んでいた。しかし授業は速すぎて、相変わらずついていけなかった。２年間受験勉強はしたが、自分自身で自己虐待をしたようなもので、大学進学後、１年ぐらいは自信喪失になった。

「読み」― 無理すると頭が飽和状態に

　教科書と参考書は読めたが、量が多くなると頭がパニックを起こし疲れた。無理に読むと頭が飽和状態になり、内容がわからなくなった。本は多く読んでいたが、成績は思わしくなかった。

「書き」― 努力が足りないと思い込んでいた

　授業中、板書を写すのに神経を使い、聞いている余裕がなかった。書き写すだけで、疲れる毎日だった。デジカメ撮影か事前にレジメをもらい、聞くことに集中した方が理解が深まったのだろうが、当時は努力が足りないと思い込んでいた。

「記憶力」― ひとつ覚えるとひとつ忘れる

　色々な記憶術を試みたが、効果的な方法はなかった。漢字、古典単語、英単語の記憶が苦手で、何度書いても読んでも正確に覚えられなかった。ひとつ覚えるとひとつ忘れるような状況だった。

読み書き困難を楽しもう

福祉施設勤務　村松 洋一

● 近未来都市"SAITAMA"

　生まれは東京杉並、阿佐ヶ谷近辺で、最も古いワタシの記憶は、3歳ごろのものです。母親に「オモチャを片づけろ」と言われ、「どうせまた散らかるからこのままでいい」と返すやりとりです。
　次に覚えている記憶は、アパートの階段から落ちて頭を打ち、近くの病院で手当てしてもらってる時に、医者がピンセットで何やら赤いモノをつまんでいるのを見て、「頭からエビチリが出てきた！」と思い、さらに大泣きしたことです。
　大人になってからの読み書き困難の検査で、「小さいころに頭を打ったことがある」と伝えると、その程度で影響は出ないとのことでした。
　4歳で埼玉県に引っ越すと、今までとは違う風景に驚かされました。阿佐ヶ谷周辺は、古いアーケードの商店街や、釣り堀、雑木林のような広い公園という、雑多な印象でしたが、埼玉は、巨

大なマンションと団地、周りにはいきなり田んぼが。自分にとってはそっちのほうが未来というか都市のイメージでした。

そのころのワタシは、虫を採ったり、カエル、ザリガニ、ギンブナなどを獲って遊んでいました。ふざけて木の上にダンボールで小屋のようなモノも造りました。

ある日バッタや、ミミズ、アリなどを口の中に入れ、パフォーマンスとして、他の子どもに観せて面白がっていると、1歳年上の吉田クンが、「そんなことしてると、世の中やっていけないよ。言っとくけどね、小学校は『地獄』だよ」と、言いました。

「地獄？そんなバカな」とワタシは思っていましたが、その意味がわかるのは、そう遠くない未来でした……。

● 校長室にホッとした小学校時代

ワタシは、低学年の時すでに学校で1番校長室に詳しい生徒でした。色々なモノを破壊（決してワザとではない）するたびに校長室に呼ばれていたからです。

しかし、校長室は逆にホッとする場所でもありました。担任らに散々「ガーガー」言われ、あとに行くのが校長室でした。校長先生は穏やかで、大抵ニヤニヤしていて、朝礼とは比べものにならないほど、話が短かったからです。

自分はもちろん、そんな穏やかで短い話ですら聞いているわけがなく、たくさん並んでいるトロフィーを見たり、歴代の校長の写真を見たり、退屈をしのげるネタがいくつかありました。

● 本は息を止めて読む

　読み書きが苦手なため、読書感想文に苦労しました。どうにかモチベーションを上げようと、好きなクワガタの内容の本を選んだり、仰向けになったりうつ伏せになったり、読む姿勢を変えてみるなどしましたが、読むスピードとしんどさは変わりませんでした。読むことに集中しようとすると、自分の呼吸が気になり、常に息を止めて読んでいました。

　おかげで、息を止めるのが得意になり、プールの時間に水中で死んだふりをして、周囲をビビらせようと楽しんでいました。

● 謎のコンクール

　同級生との関わりは、いつもパターンが決まっていました。1学期では、なぜか必ず【30対1】（ワタシが1、先生も大抵30に含まれる）になり、遊びでも、「絶対アイツに活躍させねぇ」と周りが意地になっているような感じでした。2学期の終わりには、周りは特に気にせず「扱いに慣れた」という状態に落ち着きます。それをクラスが替わるごとにくり返しました。

　小5、6の担任は、コンクールに出すからといって、超絵がうまいF君とワタシ（絵を描いていればおとなしくしているだろう）だけに4倍ぐらいデカい画用紙を渡し、絵の内容も細かく指定され、描いて出すと、担任に連れられ市の公共施設の受賞式に行き、2人とも賞を仲良くもらって帰ってきました。

● 最強の敵"アンケート"

中学になるにつれ、ますます読み書きが大変になってきます。黒板の大量の文字を写すのに、1字1字、「カタチ」だけ認識して書くので、顔を何度も上下に動かしてしんどいです。

内容はわからず、ただ目の前の状態を無心に写すというその行為は、もしかしたら絵を描く時の（模写や素描）訓練になっていたのではないかと、勝手にいいように解釈しています。

勉強や試験よりも、たまに書かされるアンケートが大変でした。100問以上あるアンケート（チェック式）を1科目分の時間を費やして書かされることがあって、まじめに読んでると終わらないので、適当に書いておき、あとで職員室に呼び出され書いていました。

● 桶狭間の戦い

中2の体育祭で、ワタシのクラスは張り切っていました。血の気の多い筋肉バカ、体育会系各競技でボス的な輩が、ドリームチームとして集っていて、負ける要素が無かったからです。全種目で1位独占は、誰の目にも明らかでした。

スポーツに縁のない自分と、絵が得意なN君と、野球部員にしては珍しく穏やかな2人、計4名がクラスを応援する看板の制作を任されました。

当時流行ってたありきたりな漫画のキャラを画題にし、和気あいあいと作業は進みました。みんな慎重でていねいに色を塗り分けて、何とか様になるものができました。

　ところが当日、いざフタを開けてみるとドリームチームたち、足はもつれるはバトンは落とすは、軍団総崩れ。なんと1位どころか、何ひとつ入賞もできなかったのです。

　しかし、応援の看板の審査では最優秀賞を頂いたのです。クラスにどんよりとした空気が流れる中、我々4人は今までにしたことのないぐらいの無表情で、そっと勝利を胸にしまい、さっさと帰りました。自分にとっては、史上まれに見るチームワークの話題でした。

● O君に付いていった高校時代

　高校受験は、勉強や試験よりも、手続きが大変でした。

　高校は、一番近所に住んでいるO君と同じ所に行くことにしました。O君に付いていけば道に迷わないし、学校で一切何も聞いてなくても、O君に「明日なんか提出物あったっけ？」と聞けばいいからです。しかも10クラスあるのに運よくO君とは3年間同じクラスでした（自分の特徴を察しての学校側の配慮か？）。

　美術科のある学校にも行ってみたかったけど、今では普通校でよかったと思っています。美術科に行ったとしても、いまだに人と絵の好みで会話が合うこともなく、どっちにしろ孤立するので。

● あー、あー、あー、あー、あー、あー、あー、あー

　退屈な文化祭は自分なりに工夫してやり過ごしました。自分のクラスはお化け屋敷をやることになって、ダンボールやゴミ袋を駆使して通路やらを作るのに、みんなは協力し合ってテキパキ動いていました。
　ワタシはというと、みんなのスピードに付いていけるはずも無く、自分は特にやること無いなぁと思ったので、暇つぶしに１人で、「あー、あー、あー、あー、あー、あー、あー、あー」と声を出し、楽しんでいました。
　すると鼻息を荒げながら水泳部員の大巨人が胸ぐらをつかんできて、何やらガーガー言ってきました。でもすぐに善良なＨ君が止めに入ってくれて、「気にすんな、ほらアイツさ【アレ】だから」、みたいな感じのニュアンスで巨人をなだめてくれました。
　たまに選択科目だとか、いつもと違う何とか室での授業があると困惑しました。いつもの教室に誰もいなく、よく校内で迷子になりました。
　とくに、周囲を気にしない技術はますます向上していきました。体育で男子は廊下で着替えていましたが、自分は教室で女子といっしょに着替えていました。たぶん、あの人は【アレ】だからが定着していたのでしょう。何の苦情もありませんでした。

努力が、
結果と結びつかない

建築設計事務所勤務8年目・藤堂 高直

● 校則に苦しんだ小学校時代

　幼稚園では、私のディスレクシアの困難さはあまり目立たなかった。工作やお絵かきは得意だったし、常に園庭で元気に走り回っていたので、元気な子どもとしてみられた。
　はしゃぎ過ぎて校舎の外によく出されたこともあった。校舎の外に出されても、私はそのまま園庭へ遊びに行ってしまい、また叱られるということはざらにあったらしく、先生をたいそう困らせた。
　小学校は、都心に位置していたということもあり、生徒の親は多様な職種の人たちだった。更に外国人やハーフの日本人生徒も少なからずいた。この多様なタイプの生徒が共存している環境を私はとても心地よいものと感じた。
　小学校に入ると校則が色々と登場した。それらは、守る理由が明確でなく、理解に苦しむものが多かった。校則を守ろうとする

と余計に苦労をしてしまった。

　例えば、カバンに入れる教科書は毎日変えるという校則があるが、この校則に私は苦労した。理由は、毎回その教科書を忘れたり、間違えたりするからだ。私は、忘れ物をしないためにある工夫を始めた。それは、毎日全ての科目の教科書を詰めて登校する工夫だ。ランドセルでは容量の限界がある、代わりに大きなリュックサックを背負い登校をした。体育着や水着もまとめて入れていたため、匂いが醜くなることも少なくなかった。身体感覚でリュックの重さを覚えていたので、リュックの中に必要なものさえ入れておけば、忘れ物は余りしないで済んだ。

● 努力が結びつかない

　小学校の低学年で私が苦手に思ったことは、主に九九のように暗記をするものや、漢字の書き順、漢字の丸暗記だった。
　何度努力して覚えようとしても頭に入らず、同級生がどんどん覚えていく中でおいてきぼりになるような不安を覚えた。このころから、次第に自分の努力が結果に結びつかないという状況に悩むようになる。
　例えば、算数の場合、ある程度自分で工夫をすることにより、答えを出せるようになったが、先生は教えた数式と違うということで、答えが合っているのに不正解にされることもあり、やる気がそがれてしまった。

● 絵は誰にも負けない

　休み時間は、ドッジボールかバスケットボールで遊ぶのが決まりになっていた。球技が苦手だと、友達同士の球技を通じたつながりができず、みじめな思いをした。高学年になると、球技が得意な同級生は学級の中心となっていくのが悔しかった。
　高学年になると私の身長は急激に伸び、運動能力も向上した。陸上競技のように、余計な物を使わない種目では力を発揮できた。球技が苦手でも、運動が得意なこともある。
　私の得意な科目は美術の時間だった。絵を描くことや、物を造ることにかけて、私は誰にも負けない自信があった。実際に絵のコンクールではよく入賞をした。
　面白いのは、物を造ることに関しては器用なのだが、靴紐を結ぶことや箸を持つことに関しては不器用だった。たぶん、「決められた順番で、決められた形にしなくてはならない」からだろう。授業の中でひとつの苦手があっても、ある部分で輝くこともある。

● 私と先生の関係

　4年生の時、何かと目立つ存在だった私は、先生に目をつけられた。教室で自分の居場所がなくなるようで、嫌な1年間だった。
　そのころの私のノートは、落書きだらけだった。現実逃避をしていたのだと思う。先生に直接苦情を言おうとしても、考えを上手くことばでまとめられなくて悔しい思いをしたため、それ以降、

自分の思ったことを迅速に相手に伝える努力をするようになった。

4年生の危機的な状況で、母は最後まで私のことを信頼し、私の立場に立って守ってくれたため、折れずに登校ができた。

5、6年の担任は、妙に神経質な先生だった。融通の利かない先生で、私のように、納得いかないことはしないという性格の生徒との相性は最悪だった。私の行動の多くが先生にとって理解不能なものだったため、とにかく怒られた。

● 期待はずれだった私立の中学校

中学校は、小学校で仲が良かった友達がみな受験をするから、私も受験をすることにした。無事に、希望していた埼玉県にある全寮制の学校に入ることができた。

実際に中学校に入学してみると、生徒の性質は小学校のころとは大分異なっていた。多様性とは程遠い雰囲気で、生徒全員どこか似たり寄ったりであった。私はある種の孤独感を感じ始めた。

学校内では強烈な生徒間の競争をあおっていた。その競争は、ひとつの限定された試験方法で実力を計られ、その試験方法で実力を発揮できる生徒だけが評価されるという「一見平等だが、その実は不公平」な教育だった。その結果、生徒間に優劣の感情が芽生え、それは次第にスクールカーストとなっていった。

中学校になると、英語の授業が本格的に始まる。英語の授業は文法ばかりでとてもつまらなく、授業の内容はほとんど頭に入らなかった。単語は毎回綴りで間違えた。文字の読み方も英語はこ

ろころと変わるので苦労した。

　同じような苦労は国語でもあった。頭の中で文章はちゃんと認識されているが、書いたり読んだりすると毎回間違えてしまう。

　英語の勉強は苦手だった。文法が苦手だったのと特に英語の発音が苦手だった。しかし、成績にほとんど反映されない英会話は得意だった。そして、英語の成績は中の下なのに、学校が主催する英語のスピーチコンテストでは優勝をしてしまった。

　学校の中では、部活動をしなくてはいけなかった。そして、運動系の部活動を学校は勧めてきた。どうやら、大学や社会人として活躍する際に、良い評価につながるからというのが学校の本音らしいが、運動系が苦手であっても優秀な人間は大勢いる。

　私は陸上部に入ったが、人間関係でこじれてさっさと辞め、以前より興味のあった剣道部に入った。体の動きを型にはめて動くのは苦手だったが続けられた。それは、様式美というか、仕草が好きだったからだと思う。

● 学校という組織にへきえきした

　小学校までは、自分の工夫でなんとか成績を出すことができた。しかし、複雑化する授業の中では上手く工夫することはできなかった。その結果、私はいくら努力をしても、その努力が結果に反映されないという傾向に、小学校のころ以上に悩むようになった。

　成績は余りぱっとしなかったことと、何かと目立った私は、物理的ないじめこそ受けることは無かったが、カゲロやシカトを受

けるようになる。学校という組織の中で、弱いもの、異なるものを排除するような空気にはへきえきした。

● 英国研修で転機が

　中学2年の時に学校で2週間ほど英国の提携校で研修をした。私はとてものびのびと学ぶことができた。それは、生徒同士で競争させたり比較したりせず、1対1で教えてくれたこと。何か上手くいくとほめてくれることが、主な要因だった。

　これから先、日本で高校、大学で学んでいく自分の未来を想像した時、それは私にとってどこまでも暗く、明るい希望を見ることができなかった。成績はゆっくりと、そして確実に落ちていくだろうし、その中で、腐っていく自分の姿も同時に見ることができた。

　逆に英国で学ぶ未来の像は、先が見えないことには変わりなかったが、未知の方向の先には、何かあるかも知れないという直感のようなものが私に働いた。

　2年の終りころ、家族で英国へ旅をすることになった。しばらくして、私は両親に「留学をさせて欲しい」という自分の意思を伝えた。

　紆余曲折はあったものの、母は、私が日本よりも海外で学ぶほうが幸せであろうという思いから、父は学生時代に留学をしたくても出来なかったという思いから、留学を承諾をしてくれた。

2章

自分の夢を振り返る

3　夢から自分を見つける
4　夢から仕事が見えてくる

3
夢から自分を見つける

● 夢を忘れないこと

夢は、「オリンピック選手」や「宇宙飛行士」でも「アニメ作家」でもいいのです。そのためにはどんな自分であればいいのかを考えてみましょう。

夢のために体を鍛えると言っても、色々な鍛え方があります。マラソン選手では耐久力だろうし、短距離だったら瞬発力かもしれません。水泳の選手と砲丸投げの選手では求められるものが違います。どんなに能力が万遍なく備わった人でも、大舞台に立てるのは一握りです。だからといって夢をなくさないことです。

● 叶いそうな夢

大人になるにつれ、現実の厳しさに紛れ、夢を忘れがちです。子どもが夢を語るときに、「できない」「無理だ」とあきらめないでください、あきらめさせないでください。夢は死ぬまで夢でも、夢がないと何をやっても面白くなくなってしまいます。

どんなに叶いそうにない夢でも構わないのです、夢は持ち続け

ることが大切です。その夢に至る途中で叶いそうなことは何なのかを考えてみましょう。

● 道はひとつではない

夢に向かう道は思うよりもいっぱいあります。宇宙飛行士という夢を実現している人を見ると、実に多様な道をたどっていることがわかります。医師からなった人、飛行機の整備士からなった人、メダカの専門家と様々です。また、今ではお金を払えば宇宙飛行士の体験ができるようになっていますので、お金持ちになるのが近道だったりするかもしれません。

何かひとつ、「自分はこれが専門だ」、と言えるものを持っていて、なおかつ他の分野にも柔軟に対応できることが必要なのです。

● どんな別れ道がある？

夢は大きく持ちましょう。そして一歩踏み出しましょう。一歩踏み出さなくては何も起きません。

どの学校に進むのか、成績は、苦手なことなどの自分の状況の他に、その時の社会経済情勢、家族の状況などによって、現実には色々な別れ道が待っています。でも、自分で選択してください。学校の勉強がいくらできて成績が優秀でも、それが自分のやりたいことにつながっていなければ幸せではありません。

就労・Work 3

あなたの夢は何ですか?

だれでも夢を持っていたはずです。「夢」と大げさに構えなくても、やっていて楽しかったこと、ウキウキできたこと、夢中になれたことを思い出してみましょう。

毎日の勉強や仕事ですっかり忘れていることを思い出すと、楽しくなります。その夢に関連したことを少しやってみませんか。

WorkBook 3

● 自分の好きだったこと、好きなもの、なりたかったもの、なりたいものを、好きなように書き出してみよう。

夢・好きだったこと
・
・
・

DX会ワークショップレポート **3**

「幸福とは?」
意外と身近にありました

第39回DX会　2011年12月18日

　第39回DX会は、11人、（男6名、女5名）で行われました。まずは頭の体操としてお絵描きをしました。参加者のメンバーをみると、常連が多かったので、少し難しいお題、「幸福とは？」でした。

　「つまらない話をして、お互いに笑える友人がいること」「好きなだけ眠れること」「好きなものを飲み食いできること」「自分の意見が認められること」「自然の中で自給自足できること」「大自然の中で、夕日を眺めること」「ノルマのない世界に行くこと」、いろいろなアイデアが出てきました。幸福って、意外に身近にあるものです。

　休み時間のあと、ワークショップを行いました。お題は、ネットラジオ「ＤＸステーション」の広報活動をどう活性化するか組と、映画「ＤＸの日々」を誰に見せたいか組に分け、意見を出し合い、発表することになりました。

　ラジオ組から、「できるだけ見つけやすくする」「有名人にコメントしてもらう」「海外の人にディスレクシアの扱いについて話してもらう」など出てきました。映画組から、企業人事部、厚労省の担当官僚、医者、落語家、ディスレクシアの有名人、有識者などが出てきました。

　ディスレクシアを、少しでも多くの人々に理解していただくまたとない機会ですので、みんな気合が入りました。意見を出し合い、発表し、前向きな意見が出るたびに、参加者から歓声が上がりました。

4 夢から仕事が見えてくる

● 天職、夢に近づく仕事

　天職につけている人は少ないかもしれません。サラリーマンが天職の人は少ないとも言えます。でも、夢に近づく仕事はあるかもしれません。読み書きが困難な分、できることは必ずあります。
　多重知能（マルチプルインテリジェンス）の考え方で、自分はどの部分の知能が一番抜きん出ているのか、夢に向かう道筋の中でその優れた部分がどう活かせるかを考えてみましょう。（詳しくは、P83、P156を参照）

● 夢があれば、まあまあの仕事でも耐えられる

　仕事がつまらないと思う前に、何のために仕事をしているのか考えてみましょう。夢と仕事が直結していなくても、夢があれば多少つまらない仕事でも耐えていけます。夢に繋がるものが趣味であれば、そのためにお金を稼げます。

● 周りに先回りされて限定された仕事は幸せではない

　よく見かけるのが、読み書きが困難なゆえに学校の成績が振るわず、または不登校になってしまい、行ける高校が限定されてしまうことです。また、保護者や学校が、安全を期して安定した就職先を用意してしまい、夢を実現する道を閉ざされて、すっかりやる気がなくなってしまうことです。

　このように、本人の意思を重視せずに周りの思惑だけで決めてしまうと、本来のイキイキとした感性が鈍ってしまい、幸せではありません。

● シナリオはひとつだけではない

　昭和のころの日本は、がんばれば生活は右肩上がりで良くなり、大きな企業に入ってしまえば、一生面倒見てもらえ、その後は退職金と年金で幸せに暮らせる、と思い込んで働いていました。

　でも、今は日本の社会は成熟期に入っており、働いて家と車と家電がそろうというのが「夢」ではなくなっています。

　幸せへのシナリオは、色々あっていいと思います。そのシナリオの中に働くことも組み込んでいくと、見えてくるものがあります。

就労・Work 4

夢に関連した仕事は何がある？

宇宙飛行士になるのが難しくても、関連した仕事は無限にあります。例えば、セラミックの会社に入って宇宙服を作る、宇宙船に搭載する機器の開発や整備、宇宙食の開発、宇宙ステーションの設計など、いくらでもあります。

趣味として天体望遠鏡や星に関するグッズを集める、科学博物館の清掃まで、仕事はそれこそ星の数ほどあります。

WorkBook 4

● 自分の夢と関連のある仕事はどんな仕事があるか、調べたり、人に聞いたりして、考えてみてください。

夢に関連する仕事
・
・
・

DX会ワークショップレポート **4**

あきらめずに
探してみること

第6回夜間DX会　2016年7月6日

　第6回夜間DX会は、男4人、女1人で、静かに開催されました。

　開始間際に、1組の親子（お母さんと息子）が入ってきて、参加してくれました。初心者が多い時は、ペアになった人の情報を聞き合い、整理して、お互いに紹介し合う他己紹介をします。今回の話題は、1、好きな季節、2、子どものころになりたかったもの、3、よくやった遊びです。まったく知らない人の情報を聞き取り、紹介すると、お互いに親密感が沸き、リラックスできます。

　他己紹介の中での共通の話題から「不器用」という題で意見を出し合いました。親子でいらした息子さんが、「音楽を仕事にするのはどうしたらいいか」という相談を持ちかけました。

　成人ディスレクシアの先輩として、趣味と仕事を分けて器用に考えるのではなく、できるだけ不器用に両立することを考えよう、という意見がありました。

　ここに集まった3人は、自分の好きなことを仕事にした人々でした。音楽が好きなら、音楽関係の仕事がいくつかあります。楽器を演奏するだけが音楽の仕事ではありません。「コンサートのチケットを売る」「ＣＤを売る」「コンサートホールの管理」「ミュージシャンのマネージャー」など、探せばいくらでもあります。あきらめずに探してみることが大切だというところで、制限時間がいっぱいとなりました。

僕たちの就職

● DX会メンバー4人の初めての就職

- いつも引っかかる（横田）
- やりたいこととやれること（柴田）
- 就職か？　放浪か？（村松）
- 居心地の良い場所（藤堂）

いつも
引っかかる

障害者雇用・大手食品メーカー勤務（契約社員8年目）　横田 健

● 1社目は、近所の会社に就職

　高校卒業後、花などを育てるのが好きだったし、人も好きだったので、接客業で、大きなガーデンセンターなどを受けましたが、入社試験は読み書き中心のテストで、全然できなくて落ちました。
　落ちてどうしようかなと思ってた時に、家の近所にある観葉植物のリース屋さんに、直接、「求人ありませんか？」って尋ねたら、たまたま同じ高校の卒業生が社長で、求人を学校に出してくれて、それから面接をして、トントン拍子で就職することになりました。
　仕事は、主に配達です。そこで困っていたのは、免許を取らなければいけないことでした。これがけっこう大変で、途中で教習所に行けなくなってしまい、免許を取らずにいると、周りからチクチク言われたりもしました。
　仕事上は、読み書きはしなくてよかったのですが、伝票だけは書かなければいけなくて、それにも少し困っていました。

働き始めて1年目は良かったのですが、2年くらいしてくると、「これ、ただの配達業じゃん」と思うようになり、何か違うかなあと思い始め、2年半勤めて退職しました。

　ただ良かったのは、仕事であんまり文字を読んでしまうと、疲れてプライベートで本を読めなくなってしまうのですが、文字を読む仕事が少なく、仕事中に待ち時間が多かったので、読みたい本をしょっちゅう読めていました。なので、会社の人からは本が好きな人って、思われていました。

● 2社目は、小さな会社のユニークな社長の元で

　興味があった業界雑誌の記事に出ていた企業に電話したら、いきなり社長と会えることになり、ちょうど新規事業をやるということで「うちに来れば」と言ってくれ、入社することになりました。小さな会社でしたが、切り花の輸入商社で、社長が面白くてユニークな人でした。

　その会社で、輸入した球根の「通信販売用カタログ作り」の仕事をしました。カタログの原稿を書くのですが、一つひとつが短い内容だったので、英語を読むことも、日本語で書くことも、あまり困らずつらくありませんでした。

　原稿は、短く、いかにストレートに伝えるかが重要で、時間は普通の人よりはかかりますが、それは得意だったのと、新規事業のために比較対象がいなかったので、遅くてもあまり怒られることもなく、続けることができたのだと思います。

その事業がなくなるという話が出るまでの5年間勤めました。

● 3社目は、1年くらいで経営危機に

3つ目の会社は、生活そのものを提案するインテリア雑貨店の本部のグリーンインテリア部門で、仕入れと販売企画の担当をしていました。一部系列店の仕入れを任されていて、仕入れの目利きとしての実力を発揮することができました。自分がイイと思って仕入れたものが、高額な値付けをしても目の前で売れていくのは、楽しかったです。

しかし、書類仕事も多く、ほぼ毎日終電、さらにやった仕事が、経営陣の気分次第で全部ポカになるようなことが、しょっちゅう起こったりしていたので、少しうつっぽくはなりかけていました。

そして、その会社が機能しないような状況になり、給料も支払われないことが続き、1年くらいで辞めました。

● 行きたかった大学に

3社目の終わりのころから、大学の社会人講座を受けたら面白くて、色々な講座を受けていました。

高校生の時は、とても大学に進めないと思い、はなから諦めていたのですが、あまりに大学の講座がおもしろかったので調べてみたら、社会人入試というのがありました。しかも、どうも面接と小論文だけで入れるらしい。これなら自分でも入れるかもしれ

ないと思い、大学に入る準備をし始めました。園芸店で午前中アルバイトをして、午後は予備校に通いました。

　大学入試は、社会人入試の過去5年間の資料を全部集めて、その小論文の出題テーマの傾向を分析しました。試験中に考えながら書くのは、字を書くのが遅いから無理と思い、過去の課題の傾向から、全てに当てはめられるような内容を、あらかじめ作っておいて、漢字も忘れてしまうので、使う漢字だけだったら1週間くらいは覚えていられるので、とにかくお経みたいに丸暗記しました。試験の時間は、もう書くだけでした。そして、大学の農学部の短期大学部に合格しました。

　短期大学では、植物はまだよかったのですが、動物の科目も取らないといけませんでした。臓器とか動物の箇所の名前を全部漢字で書けという、僕にとっては実質漢字テストでした。ことばで言えって言われれば全部答えられるのですが……危うく留年しそうになりました。

● 楽しかったので4年制大学へ

　色々ありましたが、短期大学部に入学して2年、楽しいからこのままいけそうと、4年制に編入をすることにしました。
　しかし、僕の行っていた短期大学部の4年制への編入試験には、英語の試験があり、なんとかなると思っていましたが、ならず。もうひとつ受けていた他の大学の農学部は、口述試験だけだったので受かり、その大学に行くことになりました。

前の大学は、レポートを遅れて出しても、「内容が良かったらそれなりに評価するよ」というやり方でしたが、新しい大学は、「レポートも数秒でも遅れたらダメ」というルールでした。
　中途半端に書くことができない性格なので、レポートを書くことができなくなり、出せなくなったり、箇条書きのまま出したりしていました。そうすると、レポートを出したけど点数はくれない。そういうようなことが度々起こりました。
　また、大学の敷地が広く、元々時間通りに動くのが苦手だったので、学内で迷ってしまい、そこでパニックになってしまったり。
　色々この大学に合わせるのが疲れてきて、だんだんうつ症状みたいになってしまい、寝たきりのように動けない状態になっていってしまいました。

● 大学病院で「発達障害」と診断される

　そんな状態だったので、予約無しで行ける大学病院の精神科に行きました。大学病院で先生に、「周りの環境で困ってるけど、周りに合わせて僕は動けないし」と説明しました。ADHDをテレビで見て知っていたので、最後に先生に、「そんなような子どもだったんです」と言ったら、先生は、「あ、そっちかもしれないな」と言われ、心理検査の他に知能検査も行いました。
　1週間後に結果を聞きに行ったら、知能検査の結果で「すごいバラバラでしたよ」と先生に言われ、どちらかというと二次的な問題のほうと思われるということで、「これはもう発達障害です」

と言われました。その時は、まだディスレクシア自体をその先生はよく知らなかったのか、「特定不能な広汎性発達障害」という診断がつきました。

「何それ？」って、自分でもよくわからなく、しかも、「今の医学では何もできませんから」と先生に言われ、薬も出してくれないので、「困ったな」と思っていたら、「あなたそんなに困っているようには見えません。がんばってくださいね」とだけ言われ終わってしまいました。大学では、また結局がまんをし続ける状況になりました。

● 就職は無理と思い手帳を

診断から数カ月たっていた３年の後半から、就職活動が始まり、やっぱり無理だと思い、自分で発達障害についてを調べ始めました。そこに、ＬＤのことが書いてあり、読み書きのところを見ると、「そのまんま当てはまってんじゃん！」と思い、ディスレクシアの専門家による診断を受けて、やっぱり就職するのは難しそうだなと考え、その時に、手帳を取ることを決断しました。

さらに、短大の時にお付き合いしていた女性が、聴覚障害者だったのですが、彼女が困るところと僕が困るところが、結構色々とかぶっていました。その彼女が、手帳を取って先に就職が決まっていたこともあり、僕はとにかく手帳を取れるように動きました。大学にはどうにか行き続けて、首の皮一枚のところでずっとつながり続けるみたいな感じで卒業しました。

やりたいことと
やれること

NPO法人勤務12年目　柴田 章弘

● うまくとけ込めず、自信喪失にも

　大学時代、周囲の同級生は年下で、なんとなく溶け込めなかった。受験勉強疲れで、1年ぐらい無気力であった。友だちを作ろうとサークルの説明会には行ったが、なかなか馴染めず、結局、夢中になるものがなかった。
　英会話を勉強すれば、友だちができるだろうと考えた。そして、大学2年から英会話スクールに通い、欧米人に教えてもらった。それでもなかなか友だちはできなかった。
　大学3年のとき、自動車免許を取るために学校に通うようになると、今まで隠れていた自分の欠点が一挙に噴き出してきた。読み、書き、記憶、発達性協調運動障害などの問題が出てきて、免許取得までに普通の3倍ぐらいかかってしまった。これですっかり自信喪失になってしまった。

● 楽しかったことを思い出し、生活を変える

　4年になっても就職に前向きになれず、就職試験を受けても内定は取れなかった。大学卒業後、半年間ニート生活を送っているうちに、「自分が最も活き活きしている時はいつか」と考えてみた。
　それは、英語学校・塾・予備校で、講師の話を聞いて、笑っている時だった。名物講師が必ず居て、雑談を聞くだけで気分が高調して、やる気になった。
　大学2年の夏休みに、2週間、大阪にある住み込みで欧米人と英語学習をする寮型英語学校で体験学習をしたことがあった。そのことを思い出し、寮型英語学校で生活することに決めた。

● 何か足りない

　寮型英語学校が関東周辺にないかと調べると、東京都内にあったのでそこへ住み込んだ。1年暮らしたあと、アシスタントを引き受けることになった。外国人と日本人が共同で暮らし、英会話を教えてもらった。そこで4年間、大学生や社会人向け寮型英語学校のアシスタントを続けた。
　多くの健常の人々と暮らしているうちに、自分は何か足りないことを日々感じていた。授業を受けることは一緒にできても、趣味や遊びを共有できなかった。テニス、スキー、ディスコなどは一緒に行っても、周囲と同じ行動をとることが難しかった。飲みに行っても、一番はじめに酔ってしまい、いつも早目に寝ていた。

● 相変わらず間違いだらけだった

　大学では、レポートを書くために膨大な文章をノートに書き写したが、不正確なことが多かった。図や文字ばかりか、文章も写し間違いがかなりあった。もちろん、間違えたからこそ、盗作にならないで済んだ。
　大学に行きながら働いていた特許関係の職場では、番号調べの仕事を担当していた。はじめはよく桁を間違えて、まったく関係ない書類を申請して痛い目にあった。そこで、申請する数字の下に定規を当て、見やすくして、書類を全部書き終わったらチェックを2回した。それでも、特許、実用新案、意匠、商標等などを無意識に書き間違えたりした。

● 日本語学校へ講師として就職

　学生時代の後半は、働きながら大学へ通っていたので、すでに社会に出ていたが、卒業後、改めて正規雇用を希望した。
　もともと事務職は向いていなかった。司法試験、公認会計士、弁理士等の資格を取り、自営をすることを夢見たが、試験に通りそうもない。フリースクールか塾・予備校を作る夢に少しでも近づけるように、大学か専門学校の教務職を希望した。ところがいくら採用試験を受けても、どこも採用されなかった。
　発達障害に対して配慮するという概念がこのころはなかったので、通常の人々と一緒に採用試験を受験した。はじめて採用試験

2章　僕たちの就職　65

に受かった日本語学校へ就職した。

　能力的には劣等感を持っていたものの、外国人より日本語は使える。入社1カ月で、外国人生徒の前で授業をすることになった。学校嫌いで、決して教職を取らなかった自分が嘘のように、教えることに夢中になってしまった。ときどき黒板に文字を書いたりすると、抜けや間違いが出たが、相手が外国人だったのであまりクレームが来なかった。

　2カ月目には、日本語教師養成講座の講師になってしまった。予備校や大学には人より長く通っていたので、なんとなく授業らしいことは記憶にあった。それを再現できたので、大きなミスをせず教えることができた。

● 自信を付けて有名塾の講師に

　ところが1年半後、在職していた日本語学校が認定を取得できず、閉校することになった。教える場所がなくなり、退職した。

　日本語学校で自分に自信を持ってしまった私は、退職後、塾・予備校の派遣会社に登録した。すると、思いもよらぬ有名塾に職が決まってしまった。

　はじめから塾講師は一時しのぎだった。塾を退職し、約4カ月間、ヨーロッパと米国を旅行した。帰国後職を探していると、大検予備校で講師を募集していた。幸運にも採用された。この予備校の採用試験は、学力テストがなかった。面接のみで専任講師になってしまった。

● 隠して就職していた

　発達障害は、21世紀にならないと一般化しない（自分で気づいていない）ので仕方がないが、私は、通信教育出身であったことも隠していた。当時、塾・予備校講師は教員免許よりも学歴が重んじられ、有名国立、有名私立大の出身が主だった。
　こんな世界で、2つの大きな隠し事、通信課程出身と発達障害をもって日々働いていた。これが露見したら辞表を出す覚悟をしていた。
　それでも運良く問題にならず、大検予備校専任講師として、6年余り生徒指導をした。はじめの3、4年は順調に生徒数が伸び、教える仕事を楽しんでいた。このまま天職として、定年まで働くつもりだった。しかし、次第に少子化の影響と通信制高校の台頭で、生徒数が減り、予備校は専任講師を抱えられなくなった。
　職を得て6年目になると、授業からいきなり外され、自分の机はリストラ部屋に移され、毎日、過酷な雑務を強いられた。3カ月奮闘はしたが耐えられず、辞表を書いた。

● 生活のために耐えた職場

　予備校講師を退職したあと、再び、塾・予備校講師の職を探した。ところが、書類選考は通るものの、ペーパー試験を受けると不採用が続いた。
　自分の隠し事が関東近県に広がってしまったのかと、本気で悩

んでしまった。正規雇用をいくら探しても見つからない。雇用保険が切れる日に、パート職を見つけた。

　パソコンソフト制作会社の教材編集をする仕事だった。パソコンの知識はほとんどなかったが、キーボードは打てる。過去の経験が活かせる職場であった。

　ところが、正社員が全員、自分よりも年下だったので、慣れるまで仕事以上に気を使った。社員から指示を受けても理解できなかったり、見当違いなことをしたりすることがしばしばあった。

　話が伝わらず、作業中に大声で罵倒されたこともあった。辞めたかったのは1度や2度ではなかったが、生活のため耐えていた。ただ、頭を下げ、「ごめんなさい」と謝るしかなかった。情けなくなって、眠れないこともあった。

● 週2回のボランティアが息抜きに

　それを忘れさせてくれたのが、NPOでのボランティアだった。パート職もだんだん仕事が減り、午後時間が空いて来たのが幸いだった。自由に学ぶ場を支援するNPOで、週2回手伝いをしながら、「本当にやりたいことはなんであるか」を探していた。週2回好きなことができると、精神的に気分がリラックスできた。

　パート職を3年も続けると、そろそろ先が見えてきた。5年目になると経営が悪くなり、会社もリストラを実施した。煽りで、私もパート職を解雇になった。

就職か？
放浪か？

福祉施設勤務　村松 洋一

● 好きな絵ができる専門学校へ

　自分は以前から絵は好きで、高校後の進路は、イラストレーション科のある専門学校に行くことにしました。
　専門学校では、普通に仲間ができ、みんなで集って鍋したり、普通の若者の生活を楽しんでいました。2年で卒業なのであっという間に就職活動の時期が来ました。ある大手ゲームメーカーが、キャラクターデザインをお題にした求人募集をしていたのです。しかし、期限と作品枚数が厳しく、かなり集中して間に合わせないといけないものでした。
　自分は元々仲間で集っても、1人でラクガキしていたり、常に勝手な行動をとっていたので、普段の課題を間に合わせた試しが無いのに、今回の応募には何とか間に合いました。
　選考が通り、面接もしました。しかし最終まで行けた面接日が向こうの手違いか、自分が聞き間違えたかで、「もう過ぎてますよ」

と言われました。向こうの配慮で別の部門の面接もさせてもらえましたが、そこは当時レースゲームが主流で話が合わず、結局入るには至りませんでした。

　しかし、すぐ次に繋がりました。30～50代の講師らにはボロクソ過小評価を受けていた自分でしたが、年輩の方々には、なぜか身に余る過大評価を受けていたため、「ココ受けてみなよ」と理事長らのコネですんなり面接にこぎつけ、「大手メーカーの作品選考を通ってるなら」と話も早く、某ゲーム会社に受かりました。

　「好きな絵は描けないかもしれないけど、ウチでいいの？」と聞かれましたが、他にできることがないから絵を描いてきたし、そもそも幼いころから、まさか社会でやっていけるとは夢にも思ってなかった身分なので、「ぜひ、働かせて下さい」という姿勢で返事しました。

● まさかのトラウマが……

　さて、一刻も早く会社の戦力になるべく、さっそくグラフィック開発の研修だ！とはならず、まずは、営業や広報配属の同僚らと公園であいさつの練習でした。とりあえず、がんばって大きな声を出しました。

　それと同時期に、会議室で偉い方々のお話を淡々と聞く時間がありました。もちろん、自分は話に集中できるはずも無いので、周囲の同僚らを観察し、紙にキャラクター化して描いていました。偉い方々の話を聞くだけでなく、配られたプリントの何行かを、

社員が音読しなければならない状況が突如訪れました。

　これからは、ゲームだけを黙々と開発していればいいと思っていたのに、まさか人前で読み上げなければならないという、学生の時分にくり返されてきたトラウマが蒸し返されるとは、夢にも思いませんでした。

　自分の番が回ってくると、仕方なく喉の調子がおかしいような、見えづらいようなボソボソ読んでるフリをしていると、他の女性社員の「聞こえませーん」というヤジが飛んできました。それも聞こえないフリをして、さも読み切った感を無理やりかもし出し、ことを終えました。

　しかし、立て続けに電話対応の研修などがあり、「えーっと……えーっと……」と言っている間に終わってしまいました。ゴッソリとHP（生命力）をもってかれた気分でグッタリしていると、人事の山本さんが、「大丈夫？」と声をかけてくれました。山本さんは後々メールの文章の正しい書き方の指摘など、細かすぎる一面もありましたが、親切な人だったと思います。

● ローカル線で行こう！

　まだ、研修という名の各駅停車は続きます。自社系列のゲームセンターに、2週間くらい店員として配属されました。

　店では、なぜか技術系の開発者が接客や店内放送を担当、逆に営業が機械の点検や内装を担当といった、あえて専門外なことをさせるという店長の余計な計らいで、我々を苦しめました。

店内放送を任された時は、音声機器自体の調子が悪いフリをして読み上げ終わったことにしました。
　以前から変わらず、字を読み上げると酸欠というか一瞬気を失う状態になり、さらにマイクで喋る自分の声で脳が揺られ、意識が遠くなっていきます。

● **黒船来航**

　商品開発部にグラフィッカーとして正式に配属されて最初の仕事は、プリクラもどきのフレームデザインでした。
　自分が配属されたグラフィック部門の先輩方には本当に良くしてもらいました。広い開発フロアですが、社長は怒鳴り散らしながら入ってくるので、自分がイヤホンで音楽を聴きながら仕事をしていると、先輩が「来たよ」と背中をツツいてくれます。
　家庭用ゲームバブルが過ぎ去った危機感か、わが社はアクアリウム事業に手を出していったのです。しかし、にわかでの参入でボロが出ました。
　古き良き時代の薫りを色濃く守り抜いてきたわが社でしたが、ついに変動の時を迎えます。外資の企業に買収されるというのです。
　外資に吸収合併された後は、ゲーム部門として主に港区のオフィスビルに何度か移転を繰り返しました。
　経済のことは全然わかりませんが、この頃が「ＩＴバブル」というものだったようで、「有名ソフトを手掛けた誰々プロデューサ

ー」などの、何やら怪しい人達が参入してきました。

　外資の企業に移るかくらいの時期から、ケータイ事業には参入していて、ケータイが進歩していくと、ゲームアプリのチームができ、ミニゲームなどに携わりました。

● 「今、行っていいですか？」

　このころ、興味があり調べていたのが、学習障害についてです。と強引に話をもってきましたが、きっかけは「絵を描くことと脳の関係」という切り口の和訳の参考書があって、通勤中にがんばってちょっとずつ読んでいたのですが、その中で、「左利きは難読症になり易い」といった文節が出てきたのです。

　「難読症？何だこれは」と調べてみると、「自分に当てはまるぞ」といった具合です。そしてディスレクシアなどの用語も知り、ＮＰＯエッジも出てきました。「六本木？歩いて行けるじゃん！」と思い、メールで連絡してみることにしたのです。

　しかし、どういう文章で送ろう。読み書き困難の人たちの団体さんだし、自分みたいに読み書きがしんどい、いやもっと困難な方々が運営してらっしゃるかもしれない。文字に気を使わなければ……自分なりに考え抜いた挙句、面識のない方々に初めて送ったメールが、「今、行っていいですか？」。

● 「やったー！診断名が付いたぞ！」

　極限にまで無駄をそぎ落とした文章、「完璧だ！！」と思いましたが、あとにネタにされる始末となりました……。
　事務所に入ってきた自分を見て、藤堂さんが最初に言ったことばが、「何だか似たようなのが入って来たなあ」。
　見た目ではなく雰囲気で、仲間たちと近いという意味でおっしゃったんだと思います。
　病院で読み書き困難の度合いを調べられるとアドバイスを受けたので、行ってみました。
　大きい総合病院の受付で受診する部屋を教えてもらうと、通路に何色もの線が引いてあって、それに従って歩きやっと辿り着きました。学校でたまにやったような知能テスト、パズル、読み上げのようなことなどを数日かにわたり行い、診断してもらいました。
　様々な能力の度合いがグラフで表され、振り幅が著しいと何らかの症状があると診断されるようで、結果は、「先天性の短期記憶障害」で、それによる「読み書きの困難」だそうです。
　「今までよく生きて来られましたね」と担当の医師は言ってくれましたが、自分の心境は、
　　「やったー！！診断名が付いたぞ！！これで簡単に人に説明できる！！」

居心地の
良い場所

建築設計事務所勤務8年目・藤堂 高直

● ディスレクシアとの診断を15歳で受ける

　私は、15歳の時に自分の意志で渡英をした。最初は語学学校で英語を学び、その半年後には、会話能力に比べて読み書きの能力が低いことから、「軽度のディスレクシア」との診断を語学学校にて受ける。
　ディスレクシアと自覚することは、私にとって大きな前進となった。それまで、幾ら努力しても結果に結びつかなかった苦労の原因が分かったことと、自分もディスレクシアなのではないかと考えていたこともあり、事実を肯定的に受け止めることができた。
　以来、私は在籍していた語学学校より様々な支援を受けるようになる。お蔭で、日本の中学校では低空飛行気味だった成績が徐々に中位に上がって来た。
　英国で高等学校に該当する教育機関をAレベルと言う。Aレベルは全部で60ある科目の中から任意で数科目を選ぶことができる。

私は、60ある科目の中で、数学、人文地理、演劇学、立体造形、グラフィックアートを専攻した。

　科目の選択は、高校入学時点で既に建築設計に興味があったので、将来必要となるであろうアカデミックな科目と、自分の得意な点数の取れる芸術、表現の科目を配合して選択した。2年目には演劇学を落とし、人文地理、数学、立体造形、グラフィックアートになり、立体造形とグラフィックアートにて最高評価を受けた。

● 居心地の良い場所をひとつでも

　勉強の方は順調だったが、私には当時、友達は殆どいなかった。青春を謳歌する時間の殆どを勉強、もしくは音楽に注いでいた。そのため私は、いつも孤独感を味わった。一時期は、唯一日常的に会話をしていた知人からも、何らかの理由で無視をされるようになった。原因は、その当時の私には知る由もなかった。

　そんな時、私はひとり、ぶらぶらと夜の街を放浪した。ある時散歩をしていると、ノーマン・ヒルと呼ばれる中世の遺跡の残る丘で、ケンブリッジの街を見渡すことができた。「私はこの街に住んでいる」ということが実感でき、気分が随分と楽になった。それ以来、辛い時はこの丘に登ることにした。

　自分にとって居心地の良い場所をひとつでも見つけられたことは、私にとって大きな支えとなった。更に、自分が落ち着ける場所を発見したことは、自分の好みの発見にもつながっていった。

● 第一志望の建築大学に

　高校の成績と成果物が高く評価されたため、私は無事、第一志望であり、高校の立体造形の先生より推薦された私立建築大学に飛び級入学をすることができた。
　大学の生徒は、多国籍、多動、高機能自閉症、ディスレクシア、更にゲイ、バイ、レズと、幕の内弁当のような異なるタイプの人間が集まっており、そこには小学校以来の居心地の良さがあった。
　同様に教授陣にもディスレクシアが多数いたため、私の読み書きの困難さをあえて説明をする手間が省け安心できた。私の大切な恩師の1人もディスレクシアであった。

● 多角的に成長することができた

　大学期は友達が一気に増えた時期でもある。建築設計を学ぶという目的を持った集団という性格もあり、建築にまつわる深い会話からバカ話まで盛り上がり、絆のようなものを容易に見出すことができるようになった。
　空回りした時は、ブラブラと夜の静かな街を放浪した。広いロンドンの街を彷徨っていると、思いがけない広場、丘などの開けた場所に巡り合える。そうして、自分の住む街の好きな領域が増えると、心持ちは何とか落ち着いた。
　私は大学院に進むことにしたのだが、その前に1年間研修生として社会経験を積むことにした。研修生としての生活で、私は生

まれて初めて親の仕送りに頼らず自力で生活ができるようになり、同時に、多少の時間と金銭の余裕も生まれ始めた。

　大学時代を通じて、精神的にも、学業的にも、多角的に私は成長することができた。

● 不景気で内定取り消しに

　大学院在学中に、研修生の時にお世話になったフランスの設計事務所より内定をもらった。無事に大学院卒業後、私は順風満帆でパリへと向かう。全ては順調に進むかのように思われた。が、到着したパリは荒廃としていた。リーマンショックをきっかけとした、世界恐慌が欧州で猛威を振っていたのだ。

　そのため、私が働くはずだった設計事務所は所員の半分以上をリストラすることになり、当然労働力として未熟な新卒は格好の対象となり、私の内定は取り消された。そのため、フランスに着いたは良いが、いきなり文無し、職無しで途方に暮れる羽目になってしまう。幸いにも、ロンドンで研修時代にお世話になった先輩が新設した設計事務所に働き口が見つかり、そこでエストニア国立博物館の設計等に携わることになる。

● 日本の会社では、新入社員扱い

　パリでもう少し仕事をしたかったのだが、不況とビザの期限にはあらがうことができず、帰国することとなった。帰国はしたも

のの、日本も海外ほどではないが不況の只中であった。幸いにも以前研修生としてお世話になった設計事務所が、大きな仕事を受注したので、そこで2年間働くこととなった。

　海外に住んでいる時から、一度は日本で仕事を経験したいと考えていたので、私もこの機会を幸いと思った。しかし、入社したのは良いが、海外では考えられないような「大変さ」が、私を待ち構えていた。

　事務所は小規模で、その中で年少の私は新入社員扱いとなった。新入社員は、電話の受け答え、トイレ掃除、議事録、お茶をお客様に運ぶ接客などを行うルールになっていた。

　電話の受け答えは、高校以降日本の礼儀を学ばなかった身としては粗相が多く、トイレ掃除では細かな部分がなってないと叱られ、お茶もすぐこぼれたり、何かと上手くいかない。何よりも、議事録は地獄であった。

　クライアントである某お役所は、議事録を書く際、筆記しか許されず、録音も許されなかった。私が筆記でまったく議事録を書けないことがわかると、録音とコンピューターの持ち込みが許可された。しかし、コンピューターでもタイピングをするだけで集中ができず、内容は頭に入らない。議事録は、私よりも短時間でできる人間が行うべきである。

　雑務に日夜追われて、結局建築に関する仕事にはほとんど手が回らなく、次第に徒労感のみがつのり始めた。

　私生活は、仕事が生活の9割以上を占めていたため、皆無に等しかった。週末は満身創痍で何もできず、友人と会うこともまま

ならない。日本での経験は、正に地獄であった。

● 能力を発揮できず、再び海外へ

　日本では、私の能力を発揮することができないこと、金銭的、体力的に限界を感じたこともあり、仕事を完遂したあと、再び私は外国で働くこととなる。
　日本では、一度仕事を始めると会社側から辞めさせられることはあまりない。逆に、自分から辞めるのは何かと苦労する。上司に辞める意志を伝えても、なかなか辞めることはできなかった。なんとか説得しても、出国する最後の最後まで仕事を頼み続けられた。

　海外の仕事の良い所は、個々に広汎な能力を求めるよりも、専門性を求める。そのため、適材適所になるようにチームが構成され、仕事は分担される。さらに、自己解決よりも、助け合う労働形態を良いこととしており、私にとってはとても合理的、かつ効率的に思えた。
　強くしなやかに生きるための第一歩は、私が丘を見つけたように、自分の好きな場所、人、時間などを、少しでも多く見つけていくことだと思う。それが後に、自分を知ることへと通じ、それを他人に認められることで、自信へと繋がっていくものと信じる。
　そのような「島」を持ち得たら、色々な場所に飛び込むことで、強靭性を身に付けられるのではないだろうか。

3章

自分の強みから仕事を探す

5　自分の強みを活かす
6　自分にできる仕事

5 自分の強みを活かす

● 強みについて

　自分の強みがわかっている人は、それほど多くありません。物事は表裏一体なので、案外弱みだと思っているところが強みになることもあります。強みのところを活かして生活ができれば、それに越したことはありませんよね。
　例えば、引っ込み思案というと弱みのように思われがちですが、実は慎重であると言えるかもしれません。落ち着きがないのも言いかえればフットワークがいいと言えます。

●できる凸の部分を磨いて

　「好きなこと」は、たいてい「得意なこと」、すなわち強みです。「嫌いなこと」は、たいてい「苦手なこと」、すなわち弱みです。
　何もかもまんべんなくできる人はそう多くはいません。「発達凸凹」と言われたりしますが、凹んだところに時間や労力をかけてできるようになるよりも、できる凸の部分を磨いて大きくする方が、効率もよく効果的です。

● 多重知能（マルチプルインテリジェンス）の考え方

　マルチプルインテリジェンス理論(Theory of Multiple intelligence)、人は、生まれながらに8つの知能（言語、論理・数学、空間、音楽、身体・運動、対人、内省、博物）の潜在能力を持っているという考え方です。　（詳しくは、P156を参照）

　1980年代にハワードガードナーは、知能指数（ＩＱ）だけで評価される知能検査は、言語スキルや数学的スキルに重きを置いており、創造力や発想力、リーダーシップなど多くの特性を測ることができず、画一的であるという問題意識を持っていました。8つの知能に加えて「やる気」、「注意」、「記憶」の３つの計11の視点から、１人ひとりの学び方の違いに対応し、誰もが学びやすく、わかりやすいというユニバーサルデザインな授業の実践を試みました。学びだけではなく、それを活かした仕事にも通じる考え方です。

　読み書きの言語の能力は人が持っている能力のひとつでしかないのに、学校や職場の評価は、まずこの読み書きの能力で測られることが多いです。

　でも、20年後には「読み書きだけに頼った能力を必要とした仕事はほとんどなくなる」という調査の結果が、オクスフォード大学から出ています。その際に必要とされる力は、「創造的思考」であって、決して読み書きなどのコンピュータにとってかわられる能力ではないのです。

就労・Work 5

自分の強みと弱みは何？

自分で「強い面」も、「弱い面」も書き出してみることで、強みの部分を客観的に見て、気づき、それをどう活かして生きていくかを、知るヒントになります。

1人で何も思いつかない場合や、悪いことしか思いつかない時は、周りの人の力を借りて、お互いに良いところをほめ合ってみましょう。

WorkBook 5

● 弱い面と強い面をそれぞれひと言で、いくつか書いてみよう。

強い面	弱い面
・	・
・	・
・	・

DX会ワークショップレポート **5**

できないこともあれば できることもある

第3回DX会　2005年12月11日

　第3回DX会の集まりは、年末の寒い日曜日の午後に行なわれました。参加人数は8名、新参加者は3名です。今回は、『自分の弱みは何か』という題で意見を交換しました。

　参加者の悩みは次の通りでした。「数字の概念を捉えるのが難しい」「電話番号をよく覚えられない」「文字がぼやけて見えて、本を読むのに苦労する」「聞き取りが苦手で、人に誤解を与える」「仕事の優先順位がうまく決められない」といった苦手な面を披露しました。

　当事者ではない人々には、「弟が統合失調症」「娘がLDで何をやっても続かない」などの悩みがありました。

　それぞれ、自分たちの「弱み」と「対処法」を順々に発言しました。みなさん、周囲の人々に悟られないように、涙ぐましい努力をしてきたことがうかがえました。

　1人の発言者が長時間話し続けることはなく、ルールを守った紳士的なものでした。今回も、Mさん（男性）が参加者のために料理の腕をふるってくれました。話し合う前に食べることができたので、腹が満たされていたことが幸いしたのかもしれません。

　ディスレクシアで苦しんでいても、原因がわかれば、明るく対処できます。「できないこともあるが、できることもある」、できることに自信を持って、それを伸ばす努力をすればいいのです。

6 自分にできる仕事

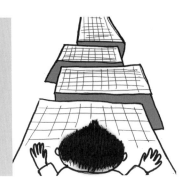

● 読みが困難でも考えてみよう

　文字の読み書きが困難だからといって、絶対にできない仕事は実は少ないのです。読み書きが困難でも十分に情報を入れる方法はあります。コミュニケーションツールとしての文字だとしたら、現代の最新機器を使えば、読み上げ機能や音声を文字にする機能を使うこともできます。

　大切なのは、文字の止めハネはらいや、書き順ではなく、どのような情報を手に入れ、それを整理し、表現するかなのです。

　こう考えると、読み書きよりも感性を鋭く保つことが大切かもしれません。その感性を活かして、そして読み書きの困難を工夫で乗り越えた先に、自分ができること、やりたいこと、そして身近にあるものに目を向けてみましょう。

● 日常から出発

　では、自分が何に役に立つか考えてみましょう。家の中でこれまで自分が好んで集めてきたものに目を向けてみましょう。今は

無いという人は、子どものころに好きだったこと、学生時代凝っていたことは何でしょう。思いつかないのなら、ちょっと近くに散歩に行くのもいいかもしれません。色々なものが目に入るはずです。公園や野原、建築物、コンビニ。お祭りとか、相撲部屋とかも見てみましょう。

コンビニひとつとっても、見える仕事は、レジ、商品を棚にそろえる、段ボールを折り畳むという店の仕事から、商品企画、市場調査、魅力的なパッケージング、清掃、装飾など、実はディスレクシアの人の能力が活きる仕事がいっぱいあります。

● 自分のスタイルを大事に

これまで見てきた自分とともに、自分はどんな働き方が向いているか考えてみましょう。ほとんどの仕事は朝9時から夕方5時だと思い込みがちですが、今は色々な時間帯や働きか方が勧められています。自宅での仕事もクリエイティブであればあります。朝起きるのが苦手でも、午後からの仕事やシフトのある仕事があります。

人と関わるのが得意であれば接客もありますが、細かい仕事が得意であれば、1日ほとんど人と関わらずに済む仕事もあります。野外の仕事、海外を飛び回る仕事など、ディスレクシアならではの仕事もあります。事務職でも、工夫をして立派に勤めている人もいます。

就労・Work 6

自分にできる仕事は何がある？

自分のことを知り、どのような働き方が向いているかを考えていくと、見えてくるものがあります。

通勤、時間帯、環境、体調、どんな暮らしをしたいかを考えながら、自分を活かせる仕事、自分にできる仕事は、何があるかを考えてみましょう。

WorkBook 6

● 自分にできる仕事は、日常に、身近に、いっぱいあります。思いつくものを書き出してみよう。

自分にできる仕事
・
・
・

DX会ワークショップレポート 6

ＤＸ会、成功の秘訣

第45回DX会　2012年12月9日

　第45回ＤＸ会は、男4人、女1人で開催されました。今回は、ＤＸ会関係の話題を話し合うことになりました。

　先ごろ文部科学省で発表された「普通学級に通う小中学生の6.5％に発達障害の可能性がある」ことを話題にして話し合いました。「どう考えても少なすぎる。本当に苦労したのは中学生以降なのに、逆に対象の生徒が減っているのはおかしい」という意見が出ました。「学校教育現場では正しく理解していない」と、全員で怒りを表明しました。

　そして、「DX会の成功の秘訣」についての話題になりました。仲間割れもせずに、定期的に続けています。そして、常連の人々は全員就労して、仕事を数年継続させています。これは誇るべき実績です。

　いくつかその原因を見つけてみると、「成人ディスレクシアの当事者のみを対象にした」「無料」「病気、困難の自慢会はやらない」「常設会場が決まっていた」「イントロお絵描きとワークショップしかやらなかった」「来る人を拒まず、去る人は追わず」「何を言っても、やっても許される空間と仲間を作った」などが列挙しました。

　1時間延長して楽しい話題で盛り上がったころ、ちょうど時間となりました。DX会は参加者全員がお互いに学び、教え合う方針で、楽しんできました。

僕たちの再出発

● DX会メンバー4人の再就職

・自分に向いている会社を求めて（横田）

・公表して働く（柴田）

・文字から粘土へ（村松）

・ディスレクシアの生きる道（藤堂）

自分に向いている
会社を求めて

障害者雇用・大手食品メーカー勤務（契約社員8年目）　横田 健

● 障害者雇用枠で就職

　大学を卒業して就職を考えた時、大学在学中にずっとアルバイトをしていた園芸店は、好きな仕事ではありましたが、正社員ではなく、アルバイトのままなので給料があまりよくありませんでした。アルバイトの上司からは正社員としての就職を勧められたのですが、筆記試験で落ちてしまいました。もう少し安定して働けるところを探したいと思い、障害者雇用で働くことにしました。

　一般の就職活動もしましたが、SPI（適性検査）などの読み書きや筆記の入社試験でほぼ落ちました。まだ知られていない障害であるため、直接会って話を聞いてもらったほうがいいと思い、障害者雇用の合同面接などで探し始めました。

　いくつか受けたのですが、当時、発達障害がまだあまり知られていないこともあり、「知的障害には見えない」などと言われたり、知っていてもアスペルガーなどだけで、面接では、「会社で今そう

いう人たちで困ってるから、あなたを雇えない」というような感じのことを言われるか、なんだかよくわからないということで、終わってしまう感じでした。

就職を決めた会社は、たまたま人事担当者の方がディスレクシアの俳優トムクルーズを少し知っていたことと、農業部門があったこと、自分がそういう生物系が得意だったので、なんとかできるかもしれないということで決めました。

● 配慮をしてもらえず、転職を考える

入社してからの仕事は、技術系指導と言われていたので大丈夫かなと思っていたら、実際には大半が事務仕事でした。それは私だけでなく、一般の中途雇用で入った人も「仕事の内容が違う」と文句を言っている人が多かったです。

自分にとっては、本来は無理で、相当に大変な仕事がほとんどだったために、ものすごいヘロヘロに疲れてしまいました。なおかつ、入社時に「基本的に残業できない」と伝えたにも関わらず、残業もしなきゃいけないような状況になり、死にそうになりながら、とにかく出社しているような感じになっていきました。

困ったので相談しようとしても、一方的に怠けたいためのいい訳と決めつけられ、誰にも相談も受けてもらえませんでした。

困ったので産業医の先生に相談し、先生は、知能検査などの結果から特性を見て、「その仕事はできないよね」ということは言ってはくれましたが、あとは自分で会社と相談してという話しにな

り、その先には進めませんでした。

　障害者雇用でせっかく入ったのに、そこに対する会社自体としてのはっきりとした配慮というのは、会議で書記の当番が回ってこないぐらいで、それ以外は残念ながらほとんどありません。

　このままでは、この会社の将来も、自分の将来も見えてこない、これは切り替えて先に進まないと自分にとってよくないだろうと考え、今、転職を考えています。

● 自分に向いている会社

　今いる会社は、創業100年くらいの大きな企業です。一度は大企業に入ってみたいという思いもあり選んだのですが、実際は、閉鎖的で、官僚気質で、自分には全く合いませんでした。

　日本の企業の多くが、個人個人のどこか優れた能力よりも、平均して何でもできる人を求めているんだなということを感じます。

　これからの時代は、障害のあるなしに関わらず、それぞれの人の高い能力の部分を活かせるような社会になっていかなくてはならない、と思うのですが、現状の日本では、それほどできているというようには感じられません。

　以前いた会社は、かなりオープンな体質で、ある程度ベンチャー気質だったり、家族的な安心感がある職場でした。自分のペースである程度やっていても、「やることをやっていれば、あまり怒られない」という面がありました。

● **本気で多様性を求めている会社を探したい**

　会社の体質や内部は、一般的な公開情報では意外とわかりにくいです。では、どうやって会社を見極めればいいのか。私は、障害者の配慮だけではなく、どの社員に対しても公明正大で、建前ではなく、「本気で働きやすさを求めてる企業」、「能力が出せる環境を求めてる企業」が、私には合うのではないかと考えました。

　報告書を求めるよりも先に動くことが大事、組織をフラットにして、「個々の得意な分野をしっかりと見極めて任せる」というスタンスをとっている会社。ホームページなどでそういうことを発信をしている会社を探しています。

　キンコーズの社長さんは、彼はディスレクシアなのですが、自分ができないことが多いから、「苦手なことは、自分より優秀な周りに任せることが上手になった」と言っています。

　私の感じているグローバルな競争世界では、皆で一斉に同じように働いて、良い製品を大量に安く生産するといったような、今までの日本のやり方にはもう無理が来ていると思います。

　個々の高い能力の部分を人それぞれのやり方で見つけ、それをいかに効率よくお互い組み合わせるかで、常に最善のパフォーマンスを出し続けるかが重要ではないかと考えています。そうでなければ、会社や社会の効率も上がらないし、生き残ることもできないのではないかと思うのです。

　私は、本気で個々の多様性を求めている会社を探したい。

公表して働く

NPO法人勤務12年目　柴田 章弘

● 背伸びして大失敗した

　自分の苦手な面を隠して就職して、大失敗をした。背伸びして職を得て、追いつめられても、自分の弱みをできるだけ見せないように、意地で勤務を続けていた。配置転換で、苦手な分野の仕事をすることになったが、やはりできないことはできない。その結果、退職の原因になるような大きなミスを犯してしまった。
　経験を活かし、一時しのぎにパート職を得たが、嘘をついて見栄を張り、信用も、自信も、職場も失ってしまった。だれでも採用されるパート職でも不採用になり、周囲の人々との違和感を覚えた。この時、自分が健常な人々と違うことに改めて気がついた。

● 「できない」と主張できるように

　縁あって、NPO法人エッジで働くようになった。過去、なぜ失

業したかを客観的に推察すると、どうやら過度な努力論と理想論に自分を追い込んでいたことがわかった。

この職場では、私が相当重いディスレクシアであることはわかっている。そのために生じるトラブルには寛容だ。ディスレクシアの当事者として、啓発、支援をするNPOで就労する以上、「できないこと」は「できない」とはっきり主張するようになった。

● それでも年に数回は危険な目に

自分が今まで経験してきた仕事は、メルマガ、ニュースレター、ブログの編集に応用されている。

10年以上NPO事務局で働いていると、年に数回危険な目に会う。最近は間違えることも啓発の一部なので、まず謝ってから修正している。おかげでだんだん円滑に仕事はできるようになった。

まず、電話での応対は一つの鬼門だ。正確に聞き取ることができない。メモを取るのだが、聞いていることと書いていることがしばしば違っていて、後で困ることがある。事務局の仕事でそれが続くと、信用問題につながる。電話をしてくる人々は、まさか、当事者が電話を取っているとは考えていない。

そこで、長い話はできるだけファックス又はメールに用件を書いて送ってもらうことにしている。電話では聞き手の記憶に頼ってメモ書きしか残らないが、ファックスとメールは文字情報が残るので、後でお互いに確認しやすい。これで伝達は迅速かつ、正確になった。

● 引き継ぎは意外と難しい

　仕事の引き継ぎは意外に難しい。お互いに理解のレベルが違うと有らぬ誤解を招き、伝わらないことがよくある。ディスレクシアの人間同士でも微妙に違い、なかなか完璧ということはない。顔を突き合わせて確認できれば問題は少ないが、常に機会があるわけではない。

　そこで、仕事を覚えたら、マニュアルを作ることを心掛けている。生身の人間なので、たまには病気になる。いくら用心していても、忌引きや親の介護を引き受けるなどの不測な要素がある。いつなんどきでも、他人に代わってもらわなければならない事態が生ずる。

● DXのDXのためのマニュアル作り

　子どものころ、プラモデルの設計図を読んだことがない。読んでいるうちに頭がクラクラしてきて、もう組み立てるのが嫌になった。好きな部分を先に組み立て、とうとう自動車にエンジンを入れることができなくなった。ちゃんと設計図が読めれば、このプラモデルは完成できたはずだった。マニュアルが読めないで苦労した。今でも、デジカメ、パソコン、ICレコーダーのマニュアルが読めても、理解できないことがある。

　自分で作るものは、「ディスレクシアのディスレクシアのためのマニュアル」を目指している。日程表を作り、視覚的に訴えるよ

うにしてメルマガ、ニュースレター、総会などのマニュアルを作っている。ディスレクシアの人々に理解できるものであれば、多くの人が理解できるものだと勝手に自負している。

● 自分にも周りにも大きな収穫

　3年前、東大先端技術センターで「読み書き能力検査」を受けた。自覚していたが、書き能力と記憶力は小学校1年以下であり、相当困難であることがわかった。仕事でかなり工夫して、能力も向上してきたから、人並みぐらいかと高をくくっていた。まさかこんなにひどいとは、自分がかわいそうに思えてきた。

　学生時代この能力だったから、板書を書き写すことは難しかった。記憶力と理解力を重視する日本の教育の世界では、大きなハンディがあった。いくら勉強しても学業成績が一部の科目を除き、全般的に上がらなかった。その原因の一つが明らかになった。「無駄な努力をした青春時代を返してくれ」と大声で叫びたかった。

　自分の予想以上に記憶力は悪かった。一連の電話、筆記試験、メモ、書類でのミスは単なる不注意ではなく、頭の構造の問題だったらしい。この検査後、自分の記憶力を考え、仕事の容量を60〜70％の実力で達成できる範囲で、考えるようになった。

　ディスレクシアであることを公表して働くことは、自分にも、周囲にも、大きな収穫となる。

文字から
粘土へ

福祉施設勤務　村松 洋一

● 贅沢すぎる環境へ

　診断名が付いてからも、エッジの人たちには、会社に自分の症状を説明するのに来てくれたり、様々な講演に呼んでもらったりと（現在も）お世話になり続けるのでした。
　おそらく、世界金融危機のあおりだったかで、わが社のゲーム部門は撤退を余儀なくされるのです。それまで関わってきたＬＤや発達障害についての関心が強くなっていたため、同業種への移行ではなく、福祉業界へと足を踏み入れるのでした。
　ユーザーの顔が見えない（売行きや評判をネット上で知る）、今までの作業とは逆に、粘土を通してお客さんの反応が目の前でわかる今の状況は、贅沢過ぎる環境にいるんだなぁと、実感しています。

● 現在の職場で

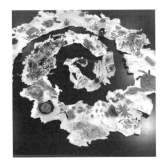

1
アジア太平洋ディスレクシアフェスティバルに出展した「総天然彩色渦巻絵巻」

練馬福祉園の陶芸室で活動する利用者や、地域から訪れる子どもたちとの共同作品。

2
弁当や寿司に付いているバランの由来になった植物「葉蘭」を使った筆、焼窯でできた炭と樹液を混ぜた原始的な墨汁

コーヒーで染めた偽装の古紙は何の紙だかわかるかな？

3
古墳時代の壁画で緑の顔料として使われたセラドナイト(1500万年前の海底噴火物。日本は海の底だった!!)を神奈川周辺の源流や支流で採集。

東北の旧鉱山に青鉛鉱（リナライト）などの鉱物採集にも挑戦。画像は鬼板（褐鉄鉱：リモナイト）らしき砂利の採集。

4
都内の川で、ウシガエル釣りの仕掛けにするザリガニを捕まえながら、焼き物に使えるかもしれない粘土を地層から採集している忙しい光景。

5
古来から生息するスズシロの原種か？畑からハミ出した逸脱種か？謎の雑草「ハマダイコン」から塩の結晶を抽出。

ついに海のない埼玉で塩の産出に事実上、成功したのである？（地中の塩分を多く吸い上げるハマダイコンの除塩効果が、東日本震災の塩害農地改善で注目された）

6
北欧神話と和食の融合「WODENうぁいきんぐ」地中に埋めて発掘調査体験遊びの景品に。

7
試作中の「お化けもったいないUCHIWA」。

使い捨てのコーヒーフィルター、「食べ残しの御飯粒」七夕ぐらいでしか使われない笹が結託、実態となって現代社会に蘇る!!（透かすと何かが浮かび上がる？？）

3章　僕たちの再出発

● すばらしい日本史

　人類が縄文時代に土器を作って、軽く1万年以上（確認できている土器として世界最古）。それに対し、文字が日本に伝わってまだ2千年すら経っていません。
　今に例えると、縄文土器に比べれば文字などは、「流行りのゲーム」みたいなものなんだそうです。ついこないだまであんなに「キャーキャー」言われてた文字様（言語）が、一発屋に成り下がる……そんな時代が来るのは、遠い先の話ではないでしょう。
　ですから、伝統としきたりを重んじる日本人として、親ごさんたちはお子さんにこう怒鳴ればいいのです。

　　「字ばっかり読んでないで、もっと粘土で遊びなさい!!!!!!!!!」

8
焼物双六「月とスッポン」月面タイムトラベル!!

ディスレクシアの生きる道

建築設計事務所勤務 8 年目・藤堂 高直

● 日本の会社はクビは少ないが入口は狭い

　日本には、実力がある程度出せなくても、会社が社員を育てようという気風があり、クビも少ないことから、良い意味で成長させてもらえる環境がある。逆にその間、社会慣習を仕込まなくてはならない辛さがあり、また、日本での評価は減点式のものが多く、その結果挑戦をする人が減り萎縮する悪い傾向もある。ここが、日本のディスレクシアが挫折しやすい点でもある。
　また、日本の場合はクビが少ない分、入口が狭い。この入口を潜り抜けるのが至難の業なのである。自分に不向きな仕事と巡り合った場合、再挑戦をする機会を削ぐことにもなっている。

● 海外で求められるのは、個人の「強み」

　海外ではその点、ふるいにかける形で能力を見る。まずは社員

を受け入れ、そこから試用期間を経て正社員になる。試用期間で問題があれば、契約は切られて別の業種を探すという仕組みだ。試用期間は3カ月程度であり、その中で能力を試される。

　海外での労働環境は、有機的である。ひとつのプロジェクトに携わり続ける場合よりも、幾つかのプロジェクトを必要に応じて構築して行く場合が多い。チーム内でも、それぞれに長所を持った個性豊かなメンバーがおり、それらの組み合わせでプロジェクトに最適なチームが結成される。評価も加点式の場合が多く、より挑戦をしやすい環境と言える。

　その際、誰もが議事録が書けるような均一化された能力は求められていない。求められているのは、個人の持っている「強み」である。その結果、自分の強みを出せるのでやりがいがある。

● 苦労も多いが自分の役割を見つけやすい

　海外での経験から言えることは、能力主義の社会のほうが私は生きやすい。議事録を書かされることもなく、電話の受け答えなど、事務的なことはそれが得意な人間が行い、私はデザイナーの能力を最大限に発揮できる。それぞれの力を発揮するからこそ、やりがいが出てくる。

　【ぼくたちは、たとえどんな小さなものであろうと、自分の役割を自覚したときにだけ、幸福になれる】（サン＝テグジュペリ）

　人の役割はそれぞれにあると思う。その点、ディスレクシアは能力が極端で、専門的になる場合が多い。人よりも苦労は多いだ

ろうが、自分の役割を見つけやすい幸運な環境に置かれているとも言える。

　私が思うことは、日本の今のやり方はそのまま残っても、それ以外の評価の仕方が、社会的に認められるべきではないかと思う。

　凡庸の上に特質したものがある場合のみを個性と呼ぶ社会では、凡庸になれないディスレクシアの人たちの不幸は増大するだけだ。

● 自分にとって充実した生活を

　海外で労働する際の良さには、プライベートが大切にされることもある。日本で働いた時は、生活の中心は仕事で、週末もほとんどない状態だった。

　日本人は、仕事に人生の喜びを見つけると言われるが、仕事が生活のほぼすべてになると、私の場合は感情が喪失した。悲しさ、喜び、怒り、愉しみ、そう言った感情がなくなる生活は私には無理だった。実際、過労による自殺の理由も感情の喪失が多いと聞く。

　海外でも、もちろん忙しいこともあるが、週末返上して働いたあとには代休がもらえたり、平日でも過度に忙しくならないように仕事は分担されている。

　たしかに、日本の仕事のほうが早い時期に責任をもらえるが、その分、自分で全てをこなさなくてはならないことが多く、結果、時間的にも束縛されやすい。その点、海外では分業が徹底していて、要職に就いても人間的な生活が可能だ。

私はその時間を活用して、日本ではできなかった、陶芸、執筆、運動、社交、読書などで自分を満たすことができ、旅行に出かけたりと、自分にとって充実した生活が送れるようになった。

● 受け止めてくれる環境を探し続ける

　このように、日本には日本の問題、海外には海外の問題がある。大切なことは、この世には様々な価値観があることを知り、自分の可能性や想像力を狭めないことだ。可能性や想像力を狭めることは、安定している場合は良いのだが、不安定に陥った場合、生き残れない。
　ほとんどの人はそこまで移動が自由にできるものではない。家族、地域社会、慣習、言語、数えきれない程の障壁がある。また、日本の場合、現状に引き止めようとする圧力も働く。
　そのような中でも、できれば、異なる環境で自分を試し、何が自分に一番合っているのかを考えることが大切だと思う。

　自分の力が発揮できる、受け止めてくれる環境を探し続けることが、ディスレクシアの生きる道ではないだろうか。

2部

自分らしい職場を見つける

　自分はどんなことが得意でどんな仕事が向いているか見えてきたら、次はどんな働き方が向いているのか、それにはどんな職場があるのかを検討して、実践してみましょう。

　ディスレクシアであることが、かえって強みとなる職種や職場、自分の面白さを活かせる仕事の仕方。息苦しさがある職場でも、ちょっとした工夫で居心地のよい、自分らしさを発揮できる場所に変えることもできます。

　ひと言に就職と言っても、様々な形態があります。大きな会社がいいのか、規模は小さくても家族的なところがいいのか、それとも自営や起業がいいのか、途中で方向転換するのもありですね。

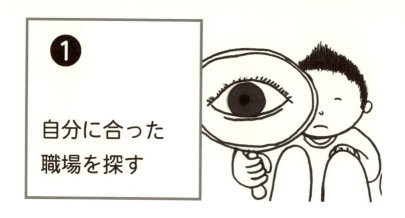

① 自分に合った職場を探す

● 自分の環境を考える

　好きな仕事をやるのはいいけれど、職場によって、様々な労働条件があります。また、同じ仕事に対して同じ賃金という考え方が行き届いていないのが現状です。損をしないように、お金についても考えておくと良いでしょう。

● お給料のこと

　お金が全てではありませんが、生きていくためにはどのくらいかかるのかをまず考えてみましょう。
　親元から通うのか、1人で住むのか、色々な方法を考えてみましょう。そのうえで、最低限どのくらいの金額が毎月かかるのかを計算してみましょう。
　食費や光熱費など、どうしても出ていくお金に、続けたい趣味や衣服、いざという時の医療費や交際費など、1人で考えるので

はなく、友達や家族と考えると現実的な金額がわかります。

● 労働条件のこと（勤務形態など）

　自分に向いた勤務形態は、どのようなものかを考えましょう。
　まず、自分のことをわかっていると見えてきます。例えば、朝元気なのか、ゆっくりと元気になっていくのか、感覚の過敏や鈍麻はないか、人と付き合うのが得意なのか、じっくりと静かに取り組むのがいいのか。読み書きの困難さは、今では色々な機器を使ったり、工夫をして補うことはできますが、感覚の異常については、なかなか理解してもらえずに「わがまま」と、とられてしまいます。自分に合った環境かどうかも大切です。
　他にも、正規なのか非正規なのかで労働条件は相当変わるのが現状です。非正規から始めて、がんばりが認められて、正規の社員になることもあります。
　時間帯はどのような時間帯がいいのか、自分で仕事の時間を選べる比較的自由な職場もあります。休暇は取れそうか。ディスレクシアの人は、疲れやすいと言われています。うまく休暇を取ってリフレッシュすることも大切です。
　また、転勤が多い職場は注意が必要です。ディスレクシアの人は、どうしても引っ越しが苦手です。引っ越しには、荷物をまとめて片付けることの他に、色々な事務作業が伴います。いちいち違う役所や事務所に転居の届けを出さなければなりません。

1 まずは会社を知ろう

● 感覚を大事に

世間的に名前が通っているからと言って、そこがいい職場とは限りません。同じような職種であっても、会社や支社によって雰囲気が変わります。自分の感覚を大切にしてください。

反対に、名前が通っていない新しい小さな会社のほうがやりたいことを実現できるかもしれません。社長自ら「面白い」と思ってくれたら、多少の調整がきくかもしれません。

自分で訪ねて行って、自分に興味を持ってくれたな、トゲトゲした感じがないな、気分がいいなと感じることが大切です。何しろ、相当長い時間を費やすことになるわけですから。文字に弱い分、自分の感覚を大切にしてください。

● 会社の雰囲気、近所の店、訪ねてみる、周りの環境

まずは、訪ねてみましょう。すぐに仕事をするとか、誰かに紹介を頼む前に散歩がてらでもいいし、公開日や食品系の会社に興味があったら、フードフェアみたいなところに行ってみるのもいいかもしれません。

店の人やすでにその組織で働いている人たちと話すことができ

ます。周りの環境はどうでしょう？公園とか川とか、ホッとできるような空間は周りにあるでしょうか？

● 交通手段

　地域にもよりますが、通勤が苦痛で仕事が続かないことがあります。都内の配置換えがあっても、引っ越しがとても面倒で片道2時間半かけて通い続けていた仲間がいました。乗り換えが多いと乗り間違えや時間が思ったよりもかかって、遅刻の常習と思われてしまう人もいます。乗り換えが面倒ではなく、あまり混まない路線や時間帯で探すといいかもしれませんね。

● インターンシップ、アルバイトなどから

　今は、インターンシップという制度がずいぶん使えるようになりました。インターンシップとは、学生が一定期間企業などの中で研修生として働き、自分の将来に関連する就業体験です。就職活動でミスマッチを防ぐ目的もあります。
　アルバイトもいいかもしれません。アルバイトのほうが気楽な場合もありますし、アルバイトからがんばって正社員になっていく人もいます。

2 一般的な就活

● エントリーシートはPCで魅力的なものに

　ふつうの就職活動をしようとすると、まずはエントリーシートに記入して提出することから始まります。履歴書も魅力的なものにする必要があります。

　でも読み書きが困難だと、ここでつまずきます。字を間違える、年号を間違える、大事なことを書き忘れるなどの他、時間がかかるので他の人が10通エントリーシートを出す間に、1通も仕上げられないということが起きます。手書きでないと受け付けないという会社もまだあるようです。

　その際、PCで打ち出して、そこに自分がディスレクシアであり、手書きではうまく書けないが、PCではこのように作れるということを追記すると良いと勧めています。

　それでダメというような会社は、手書きでがんばって入ったとしても、あとから苦労することが目に見えていますから、縁がなかったのだと思いましょう。

● 面接は、自分らしくTPOを踏まえて

　書類審査が通ると面接があります。面接の時の服装は自分らし

く、緊張しすぎない程度の服装にしましょう。

　特にネクタイの首の締めつけ感で息苦しくなったり、スーツの上着がきつくて肩が凝ったりすると、面接の時に十分に自分の良さが出せません。色も黒か紺のスーツに、目立たないネクタイ、白シャツという統一されたものでなくても構いません。

　ただし、清潔であること、自分が入りたい、働きたいと思う仕事からかけ離れた格好や色合いは避けましょう。

　ジーンズ関連の店だったら、ジーンズでも構いません。銀行だったら、紺でなくてもグレーのスーツは許されるでしょう。建築デザイン系だったら、ノーネクタイでちょっとおしゃれなシャツでも構わないでしょう。

3 DXな就活

● 知り合い、中小企業、趣味の店などから

自分が体験した範囲から仕事に結びつくことを探すこともできます。幼い時から育った地域の大工さん、工務店、行きつけのゲームの店、釣りの仲間などに何か手伝えることはないか訪ねてみると、色々な展開があります。

英国や米国の統計によると、創業者の方たちにはディスレクシアの人が2割〜3割いると言われています。

日本でも、中小企業の創業者の方たちは、創意工夫、自ら進んで取り組む精神に、長けた方が多いです。

これらのことから、読み書きが多少困難でも、ちょっと風変わりでも、しっかりと自分らしさを持っている人を、使いこなすことができる場合もあります。

● 自分のスタイルを伝える

これまでに、自分ができることや興味のあること、得意なことを見つけてきました。あとはそれをどう表現するかです。相手のニーズに応えなければどんな素晴らしい能力でも意味がありません。

自分がどのようなスキルや能力を持っていて、それがどうすれば一番良く発揮できるのかを、上手く伝えることは大切です。

　自分ができることを、相手のニーズに合っているといくらこちらが思っても、それが相手に伝わらなければうまくいきません。

　伝える方法は、ことばだけではなく、ポートフォリオ（自己作品集）を使ったり、実際にやって見せたり、ビデオやパワーポイントなどのプレゼンテーションをするなど、色々な方法があります。

● 工夫する姿勢を伝える

　相手は、一緒に仕事をする人として、あなたを見ていますので、技術や人柄とともに、最低限の社会人としての心得は必要です。

　TPO（時、所、場面）とホウレンソウ（報告、連絡、相談）は少なくともある程度考えましょう。

　読み書きが困難でも、記憶に問題があっても、そのことを自分でわかっていて、伝えられればいいのです。そして、これまで自分が工夫してきた方法も伝えましょう。

　ディスレクシアだからできなくて良いではなく、ディスレクシアだから起きそうな問題を先に知り、対処方法を工夫する姿勢や、雇用主にも協力を求められるか、たずねることが大切です。

4 合理的配慮を活用

● 手帳を取るか？診断書を取るか？検査結果で勝負

障害者手帳を取得するかどうかという議論があります。障害者手帳を取得するには、ディスレクシアの場合は「精神障害」で取れます。この手帳を持っていると2016年では、ほとんどの企業が2％の枠で障害者を雇用する義務がありますので、障害者枠での就労が可能になります。

「手帳」がなくても、診断書や検査結果で「合理的な配慮」を受けることができます。また、それまで学校で受けてきた合理的な配慮によって、どれだけ能力が発揮できるかの証明があれば、職場でも同様の配慮を受けることができる（はず）です。

● 合理的な配慮を試しておく

職場における合理的な配慮で、ディスレクシアに当てはまりそうなものを調べましょう。

その中で、自分の能力を発揮するのに効果的なものを、試しておくといいかもしれません。　（詳しくは、P154を参照）

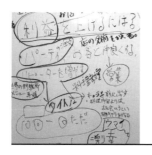

DX会ワークショップレポート 7

みんなそれぞれ
工夫している

第35回DX会　2011年5月15日

　第35回DX会は、男9名、女4名で行われました。初参加の方は5名でした。

　まずは自己紹介を兼ねて、お絵描きをしました。お題は、「はじめての所を訪問する時に、何を持っていくか」。携帯電話、スマフォ、タブレットPC、地図、名刺、チラシ、小銭、糸とスルメ（ザリガニ釣り用）、スリッパ、デジカメなど、みんなそれぞれ工夫をしていることがわかります。道に迷ったら「ランドマークを見つけ、方向を見定める」「怪しい者ではないことを証明する名刺やチラシ」も必要です。

　ここでリラックスしたあと、Mさん経営のお店を活性化させるアイデアを出すワークショップを行いました。悩みの解決法を、A組「雨の日の売上を上げるには」、B組「利益を上げるには」の2組に分かれ、お互いに意見を出し合い、最後に発表しました。

　A組は、「雨の日に割引率を上げる」「テントを店先に設けて、お客さんが濡れないようにする」「近くの会社に雨の日の特別デリバリーをする」という案が出てきました。B組は、「世界の刑務所メニューを再現する」「キャラをはっきりさせる（激辛、ゲテモノ）」「コストのかからない材料」というアイデアが出てきました。

　面白い意見が出るたびに、思わず笑い声が飛び出し、にぎやかな雰囲気になりました。

❷ 入社してから

● これからが正念場です

　うまくマッチングができて、自分の能力が活かされるような仕事場に巡り会えました。これからが正念場です。いかに、自分らしく生きながら職場になじみ、仕事を認められていくかです。どうやってキャリアアップをするのか、自分の専門を深めるのかを、考えていきましょう。

● 苦手なことに向き合う

　まず、自分は何が苦手かを把握しておきます。読み書きの困難からくる間違えは、思いの他多岐に渡ります。多くの場合は、単純作業から任されますが、ここに落とし穴がいっぱい待っています。
　メモの間違え（電話の取次ぎなど）、指示の勘違い（文書であれば、読み取り間違えて違う作業を行うなど）、アポの日付や場所、

相手を間違う(致命的なミスなのですが、これを営業で活かす方法もあります)、計算ミスが多い(交通費の精算や発注の桁など)、優先順位を間違える。

　起きうる事態を想定していると、あとが楽になります。

● 問題が起きた時の準備をしておく

　仕事をするうえで、どうしても苦手なことも業務の一部として入ってくることがあります。そのような時、安請け合いをしたり、1人で悩んだりするのではなくて、そういうことが起きた時どうするか準備をしておきましょう。

　読み書きの困難があることを伝えていても、部署の全ての人が理解していることはほとんどありません。こちらからどのようなところが苦手で、どのようなことが得意なのかをはじめに伝えることが大切です。

苦手を補う

● 自分に合った方法で

苦手は誰にでもあります。ただ、それが仕事の初歩段階における苦手が多く、専門性では問題がないことが多いので、なかなか理解を得られない現状があります。

幸い近ごろは、スマホや様々な電子機器などで補うことができるようになっています。自分に合ったアプリや方法を、就活に取りかかる前から使っていると、周りの人に助けを求める時も理解されやすいです。

また、自分に合った方法を編み出すこともできます。スマホだけに頼ると、スマホを忘れた時や無くした時、故障した時に身動きが取れなくなります。必ずバックアップを作りましょう。他のデバイスから見てもわかるようなもの、共有のカレンダーなどです。紙がいい場合は、手帳に色分けするなどもできます。

また、一番大切なのは頼りになる人の存在です。いざという時、自分の動向をわかっている人を作ります。日本でも、ＰＡ（パーソナルアシスタント）の存在が議論されるようになってきました。

☆ＰＡ（障害のある人の不便なところを補う人。ディスレクシアの場合だと、代わりにスケジュール管理をする、メールを書く、本人の意図に沿ったプレゼンテーションを作るなどです）

苦手を合理的に補う

1　環境整備

　読み書きの困難がある人の多くは、感覚の異常を持っています。光、音、匂い、肌感覚など、他の人（8割の人）とは違う感覚があると言われています。

　光の加減は、明るすぎると落ち着かないことや、蛍光灯やＬＥＤのチカチカが気になることは、自然の光やサングラスなどで補えます。ある特定の音や周りの会話が聞こえてしまうなど、音の感覚はパーテンションなどで区切りを作ったり、消音効果のある壁材や床を使うことで補えます。

2　ツール

　ＡＴ（アシスティブテクノロジー）やＩＣＴ（電子機器）などを使うことで負荷が減り、本来の仕事ができるようになります。

　社内文書などは、読みやすいフォントやレイアウト、文言などに変えることができます。マニュアルなどは、図版入りで、簡潔にします。

　読み上げソフトは、すでにブラウザーに整備されるようになっていますが、より正確さを期すためにはひと手間をかけて、専用ソフトを使い、より正確な読みを促すことができます。

営業の報告書などは、手書きではなく、電子ファイルでフォームを作成して書く部分を極力少なくし、選択制にして、その時の音の録音や写真やビデオで記録してすぐに本部に送る、などをすることで、ミスやフォローを忘れることが格段に減ります。

3　人間力

　パーソナルアシスタントのシステムは、まだ稼働していませんので、それまでは人間力を駆使して、頼り、頼られる仲のパートナーを見つけましょう。
　自分の得意を活かして人の手伝いをすると、自分の苦手を補ってくれる人を見つけやすくなります。例えば、得意なデッサン力を活かして仕事を請け負い、苦手な報告書のほうは、任せる相手を見つけるなどです。
　自分でやったことを、ある程度チェックしてもらう相手を探すのもひとつの方法です。

4　自分で

　自分で工夫することも大切です。忘れ物を少なくするにはどうしたらよいか、読み間違えをしないためにはどうしたらよいか、うまくいっている多くの人たちは、どうにか自分で工夫して苦手の部分をしのいでいます。例えば、

・ひとつ無くしても、もうひとつバックアップがある

・いざという時の連絡先がある

・事前の準備、時間がかかる分早くから取りかかる

・待ち合わせ場所に着くまでの時間を2倍に見積もる

・メモの取り方を工夫する（暗号を自分で作る）

等々です。

　人に学ぶことはいくらでもできますが、自分で工夫する力も大切な能力なので、どのような方法が自分に向いているか試行錯誤してください。

苦手を伝えておく

● はじめに言っておく

自分の能力を十分に発揮するために、必要な環境整備や業務の調整、人的支援などは、雇用側からみてもはじめから知っておくと、予算を考えたり、人事を考えたりするうえで役に立ちます。

しかし、やみくもに何もかも求めるのではなく、どうしてその調整や整備が必要なのかを、説明できるようにしておく必要があります。

仕事時間や仕事量の調整、報告書の提出方法などは簡単にできるものですが、そうすることによってより良い仕事ができるようになる、休みが少なくなり結果として会社に貢献できるなど、雇う側が納得するような説明をしなければいけません。

自分で伝えるために、調整してもらいたい項目についてどのようにしてほしいのか、そのためにはどのような機器が必要なのか、変更が望ましいのかを、表にしておくとわかりやすいです。

また、先端機器については日進月歩ですし、その会社のシステムややり方もあるので、担当者とどこまでなら可能なのかをけんせつ的な対話を通して協議することも大切です。

DX会ワークショップレポート **8**

ディスレクシアの人は
一律に決められない

第47回DX会　2013年4月7日

　第47回ＤＸ会は、男9人、女3人で行われました。

　顔ぶれを見ると、高レベルのワークショップができそうでしたので、イントロお絵描きもレベルを上げました。お題は、『ここ１カ月の無くし物、忘れ物』でした。参加者は思い思いにクレヨンを走らせ、続々と出てきました。それぞれの自己紹介をしているうちに、自然と拍手が起こり、気がついたら１時間ぐらい過ぎていました。

　続いて、参加者の１人が色セロファンを持ってきて、書類の上に載せてみました。すると読みやすくなります。これは人によって微妙な違いがあります。ある人は黄色、ある人は青色だったりします。ディスレクシアの人々は、１人ひとり違って、一律に決めつけられません。

　このあと、Ａ組とＢ組の２つのグループを作り、ワークショップをしました。今回のお題は、『職場でどんな支援を受けたらうれしいか』。

　Ａ組は、「名札をつける、書類の文字を大きく少な目に、飲み会を多くする、電話は２分以内、ファックスとメールを多用、長期雇用、昼寝の時間、１人完結制作業」。B組は、「会議は短時間に、足湯会議、休憩時間のフレックス制、名刺に写真を掲載、パーテーションで静かな環境、給料を出来高制、ふつうと言うな」など。

　アイデアがどんどん出てきて、とても白熱したワークショップが行われました。

❸ トラブルや変化に対応

● トラブルに対処する方法を

色々と準備をしていても、仕事を始める前には、思いもよらなかったことが出てきます。上司が変わる、業務が変わる、勤務場所が変わる、想定していなかったことが色々起こりえます。

また、誰にでもわかるはず、と思われていることがわからないことで、思わぬトラブルになることもあります。あらかじめトラブルに対処する方法を持っていると、状況は好転します。

● 相談先を確保しよう

会社に入る時に、何かあった場合に相談できる先を知っておきましょう。大きな問題がないうちから挨拶をしておくと、何かあった時に理解してもらいやすいです。

上司や中間管理職などがいる場合、その人に相談することができる場合があります。

ハローワークなどを通して仕事を得た場合は、仕事に入ったあとでもフォローしてくれます。

● 管理職や仲間の理解を得よう

　まず、ディスレクシアということを知らない人が多いと思ったほうがいいです。
　パンフレットやホームページなどを紹介して、自分ひとりを理解してほしいというよりは、「ディスレクシアということがあるのだ」、ということに関心を持ってもらうようにしましょう。
　上司はわかっているが、中間管理職や仲間の理解がなくてつらい思いをすることがよくあります。
　理解をしてくれないとぼやく前に、具体的にどのような調整をしたら、自分が能力を発揮しやすいのかを伝えられるようにしましょう。

● 人事異動、職種変更、勤務体系の変化など

　自分が職場を異動になることもあります。また、会社全体の都合で勤務体系を変更したり、時には職種が違う職場への異動があったりするかもしれません。事前に本人に相談があるはずですが、その変化によって、どのような影響があるかを予測できないこともあります。

業務が変わる、勤務地が変わるなどの事項があると、また調整を求めなくてはならなくなります。事前にどのようにしたらその業務を遂行できるかを担当者と協議して、調整をしてもらいましょう。

　人事の変更だと、どんな上司が来るのか予測できない場合があります。理解してくれて、チームとしてうまく回っていたのに、上司が変わったとたん息苦しさを覚えることもあります。相談先があれば、相談してみましょう。

　あまりがまんをして、態度が悪くなったりするよりは、上手く早目に、対応を依頼できるように日ごろから備えましょう。

● 自分で立ち直る力も必要

　誰にでも仕事には、上手くいく時と上手くいかない時があります。そんな時に、相談する先があることも大切ですが、自分で立ち直る力「レジリエンス」（復元力）も必要になります。

　冷静に客観的に、どうして上手くいかなかったのかを分析して、次に同じようなことがあった時どのように対応したらよいのかを工夫する良い機会でもあります。

　また、嫌なことを忘れる力も大切な時があります。没頭できる趣味や興味があると、思考の柔軟性が出てきます。

DX会ワークショップレポート **9**

専門家に支援してもらう

第34回DX会　2011年2月20日

　第34回ＤＸ会＆第6回成人DX就労事業ワークショップは、14人（男9名、女5名）で行われました。今回の就労ワークショップは、「確定申告」の話でした。ディスレクシア当事者6名全員、確定申告をする必要がありました。

　読み書き、計算が苦手な人々の集まりですので、どうなるかハラハラドキドキでした。

　公認会計士の吉川洋志さんから、「所得確定申告に必要なインフォメーション」という用紙を渡され、簡単にわかりやすく説明がありました。

　まず、用意してきた「給与源泉徴収票」「報酬支払調書」「社会保険料支払証明書」「生命保険支払証明書」などのコピーをもとに、書き込んでいきました。あとは各個人によって微妙に違うので、吉川さんに質問しながら、確定申告用紙に記入すると確実に話は進みました。

　会社を通じてすでに申告してしまった人や、まだ源泉徴収票をもらっていない人を除いて、税務署にそのまま申請可能な書類を作ることができました。

　ディスレクシア当事者が一番苦手とする作業も、このように専門家に支援していただくと、恐れるほど困難ではありませんでした。これで勇気を持って、得意な仕事に従事できます。

❹ 他のフィールドを持とう

● 仕事とは違ったフィールドを持つ

　好きで得意なことを仕事にすることは幸せかもしれませんが、それだけでは行き詰ってしまうことも考えられます。

　いつも仕事が順調とは限りませんし、飽きてしまうこともあるかと思います。仕事の仲間に仕事の悩みを聞いてもらうのも、毎度毎度になるとかったるく思われるかもしれません。

　趣味の場でもいいかもしれません。自分１人で物思いにふけることのできるお気に入りの場所でもいいかもしれません。料理や陶芸など、仕事とは違ったフィールドを持つと、新たな考えに触れたり、生き返るような感触が得られるかもしれません。

　散歩でもいいのです。違う言語に触れるのもいいでしょうし、体を動かす、歌を歌う、自然に触れるでも構いません。DX会は、そんな役にも立っているかもしれません。

● 気分転換できる方法を持つ

　ディスレクシアの人たちの多くは、まじめで、自分のできないことを補おうとしばしば過集中になってしまいがちです。また、日常で、読み書きや計算など、平均的な人たちと比べて脳を人一倍使うので、疲れがちです。
　倒れてしまう前に、そういう自分の傾向を知って、気分転換ができる方法をいくつか持つといいです。
　ちょっとしたことから抜本的なことまで、いくつかあると助かります。
　ちょっとしたことは、ストレッチや買い物、静かな場所に移動、散歩などがあげられます。いずれもオーバーヒートした脳を休めることや、エネルギーチャージのためです。
　ぼーっとする時間も役に立ちます。少し時間があったら、好きなことに没頭するのも大いに気分転換になります。

● 自分に合った気分転換の方法を

　DX会の仲間に、ちょっとした気分転換の方法を聞いてみました。
　昼休みに20分程度の昼寝、息苦しくなったら散歩も兼ねてお使い（銀行の記帳や郵便局の用事など）、お気に入りのスポットを近くに見つけてしばし息抜き。だいたい小さな神社や公園、小川などが見つけられます。単純作業を見つけておいて、何も考えずに

ひたすら作業する（封筒に住所の印を押すなど）、美味しいコーヒーを入れて周りにふるまう、いたずら書きタイムなど、探せば何かあるはずです。自分に合ったものを考えてください。

● **趣味などを大切にする**

先日、中学生に「ぼーっとする時間があったらどうする？」と聞いてみました。そうしたら、「ペーパークラフトで何か作る」と、答えていました。実は、昆虫が大好きで色々な発見をしている中学生なのですが、虫のことだとちょっとした時間ではできないので、ペーパークラフトなんだと答えていました。

他の人たちも全員、ちょっとした時間があったらやりたいこと、まとまった時間があったらやりたいことなどをしっかりと持っていました。

また、仲間作りにも、趣味が役に立ちます。同じ学年や年齢の人では、話題が違って付き合いにくいと思っていても、趣味の場では年齢差があっても互角に話すことができて、イキイキとできます。小学校の時には【オタク】と教師にからかわれていても、中年の教授とは深い歴史の話で盛り上がったりできます。

● **仲間を持とう**

見た目では、自分がディスレクシアかどうかを判断しかねます

し、取り立てて職場で自分は、ディスレクシアだと声高に宣言する人は少ないでしょう。大きな海で仲間にはぐれたあとの魚のように、仲間に巡り合うのは難しいかもしれません。

　DX会は、そのひとつです。今のところ東京でしか定期的に開催していないのですが、週末の昼間と平日の夕方それぞれ2カ月に1回ずつ開催しています。

　ここに来ると肩肘を張らずに済んで、なんでも話し合える仲間がいる、興味がないトピックの時は参加をしなければいいし、誰が偉いとか上だとかありません。【半教半学】。つまり、その時々で学生になったり教師になったりして高め合っています。

　苦境を乗り越えるディスレクシアならではのヒントや体験談、新しいディスレクシアの脳科学からのアプローチについて、ディスレクシア「あるある」物語の共有など、トピックは多岐にわたります。

　現在、アジア太平洋のディスレクシア仲間とつながり始めています。DX会だけではなく、SNSなどでつながって情報共有をして勇気づけ合い、学び合うことができるようになってきました。

企業の人の話 1
ユニークな人材の中に

元大手企業人事部　　飯塚さん

● 日本の企業はディスレクシアの理解に乏しい

　まずは、自己紹介をしたいと思う。私は、1985年にコンピューター大手の外資企業に入社し、その会社が生み出す情報技術は障害のある方の生活を変えるものだと確信し、1990年後半からは、障害をもつ方の支援、または直接的にも関わってきた。また、自社あるいは自治体における障害のある職員のための環境整備などを通じ、就労の支援も行ってきた。

　2014年の退職間際までは、他の企業の障害者雇用を担当する人事担当者と交流し、日本全体としての障害者雇用に何らかの貢献ができればと組織作りや情報交換の場を提供するなどして活動してきた。

　そうした経験の中で最も感じたことは、日本ではディスレクシ

アを含む学習障害に対する理解が乏しいことであった。そのため、学習障害としての特性を持つと、とても仕事がしにくくなってしまう。

私自身、そうした特性を持つ大変優秀な研究者と接することがあったが、その方の凸を活かし仕事に定着させることができなかった苦い経験がある。次々と素晴らしい特許ネタを生み出すのに、それを皆と適切に議論して形あるものにするように導くことができなかった。

●活躍している人もいる

学習障害は、知的障害か精神病に対する対応の範疇でしか対応できていないのが実情である。まして、ディスレクシアに対しては、おおよその企業の人事担当者はそのことばすら知らない。

とはいえ、企業の中で学習障害の特性を持つ人が活躍していないかというとそんなことはない。むしろ反対だ。私が見た優秀な経営者、営業マン、研究者、開発者の中には、学習障害と判断される境界付近にいると思われる方が実に多かった。

特に院卒生が集まるような研究組織や、新規ビジネスを推進しているような人の中には、明らかにそうした特性を持つと感じられる人が多かった。

人とは違う視点を持ち、特定のエリアに強いこだわりと知識の深さを持ち、時に良い意味での空気を読まずに物事を進める力を

持つ、成功している人は大抵そういう人だった。

かつ、多少ではない(むしろ極端な)凹も個人の愛されるキャラクターとして捉えてもらえるような人だった。

● うまくカバーすることを身に付けている人

そうした人達を見ていて気が付いたことがある。ひとつは、本人が自分の凹をうまくカバーする方法をそれなりに見つけ実践していることだ。

重大な物忘れや勘違い、突飛な行動、コミュニケーションの難しさ、読み書きなど特定の領域に対する弱さ、そうしたものを受け入れ共に成長することを良しとする環境があってこそ、本人の努力で、凹をカバーする方法を身に付けていけたのだと思う。

例えば、パソコンやデジカメなど情報機器をうまく活用する、自分の凹を補ってもらえる人との良好な関係を構築する、といったことが自然にできている。

●オールマイティーを求める企業

しかしながら、近年の企業の中で活躍することはとても難しい。凹に対する寛容さは企業ではさらに小さなものだからだ。

企業は、ますます社員がオールマイティーであることを求めるようになってきている。多様性ということばを口にはしても、わ

かりやすく対応可能な範囲に対してのみ寛容さを拡げているだけで、対応方法がわからないものに対しては、まだまだ冷たいのだ。

ディスレクシアそのものは、企業の中で活躍するのに大きな弊害にはならない。凹をカバーする多くの情報技術が存在しているし、EメールやTV会議で読み書きの困難さも緩和される……と書きたいところなのだが、実は残念ながらそうではない。

専門的な業務の中では凹部分は目立たなくなるとしても、日常の会社生活の中では困ることが実に多い。

電話が来てメモを取る、メールでの指示に従って行動する、細かな事務処理をする、あるいは複数の業務を同時に求められる、といった、些細なことではあるが、不得意さが現れてしまう場面に日々直面する。

どんなに素晴らしい凸があったとしても、オールマイティーを好むような最近の企業では、ディスレクシアの抱える特性は面倒なものになる。そのため、本来の業務で能力を発揮できないばかりか、職場に定着することも難しくなる。

「多様性はイノベーションの源泉だ」、などと言うが、ディスレクシアの人の持つ魅力的な多様性はなかなか活かされていない。企業にとって実にもったいないことだと、私は思う。

●企業は理解に加え「寛容」さが重要

それでは、どうしたらディスレクシアの持つ多様性を企業側は

活かせるのか?

　まず必要なのは、理解というよりは「寛容」のある職場である。例えば、電話は取らなくともよい、手書きの書類書きがあれば別の人が担当する、口頭など一つの方法ではなくメモも渡すなど複数の方法で指示する、といった必要があるという理解はもちろん必要であるが、加えて寛容さが重要である。

　理解だけでは長続きしないし、応用も利かない。例えば、サポートを受ける側の人が、それは当然だというふうに振る舞ったとしても、それを受け入れるくらいの寛容さが無いといけない。「君はこんなに職場の中で特別扱いされているのだから、感謝しないといけない」。あるいは、「仕事で良い成績を出さなくてはいけない」などと求めるようでは駄目なのだ。

　寛容さを持って、まずはその社員をありのままに受け入れないと、本当の受け入れは始まらない。

　実は、大抵の「理解」は、自分視点の理解であって、本当の理解になっていないことが多い。少し極端に書いたが、寛容さを持って受け入れてはじめて理解できることがあるのだ。企業側は、そのくらいの覚悟がないと、イノベーションにつながるような凸はその社員から引き出せないだろう。

●アクティブなメンバーとの掛け合わせ

　そして、もうひとつ大切なことがあると私は考えている。そ

の社員と同じチームの中には、ユニークでアクティブな人材が必要であるということだ。

　異脳を育むことをテーマにした取り組みはいくつかあるが、大抵の場合、サポート者としてその道の成熟したプロや成功者を持ってきているようだ。たぶん、それでは普通の成功しか得られないだろう。その社員のユニークな凸は、そのプロの理解できる範疇でしか伸ばせないだろう。

　異脳を本当に活躍させるには、今まさに活動しているアクティブなメンバー、あるいは異文化との掛け合わせがどうしても必要だ。自分の経験と、歴史を通して見ていて強く思う。

● 現場のユニークな人材の中に

　企業の人事担当者の方は、ぜひ、寛容さ(本当の理解)を持ってそうした社員を受け入れ、思い切って違うタイプのまた異なるユニークさを持つ人材との混合チームを意識してほしい。

　ただし、本当に正直に書けば、これまで会ってきた多くの人事担当者の中に、そうしたことができそうな人はほとんどいなかった。そうしたことができそうな人は、まさにアクティブに活動している現場のユニークな人材の中にいるように思う。

　リスクはあるが、そうした人材に、チーム編成から任せた時、新しいユニークな人材を受け入れ、とんでもないイノベーションの創出につながるチャンスを得ることができるように思う。

企業の人の話 **2**

ユニークな個性を活かして

練馬福祉園・施設長　　我妻 弘さん

●読み書き困難な支援員は地域の人気者

　私は、村松洋一さんが働いている練馬福祉園という障害者施設の施設長です。村松さんは、平成21年から生活支援員として勤務を始め、平成23年から日中活動部門に異動して現在に至ります。

　「読み書き困難」問題ですが、彼は文字の読み書きの他、記憶も苦手だそうで、新たな仕事のお手伝いをお願いしても、「迷惑かけるから」と拒絶することがあります。職場としては困るので、引き継ぎに時間をかけて、「失敗してもいいですから」と説得しながら、少しずつ仕事を覚えていただいてきました。

　ところで、興味関心のある分野や創作となれば、村松さんは他の誰にも真似できないような集中力と才能を見せてくれます。昆虫・魚・爬虫類など動物の知識や、アイヌ民族のこと、テストス

テロン、プロレス等々、興味を持ったことはとことん調べて話題にします。独学で始めた陶芸では、細部にこだわって再現した魚や蛇などユニークな作品群を生み出してきました。

　そんな彼の力が最大限に発揮されるのが、年に数回開催される「陶芸てらす」、練馬福祉園の陶芸室で、粘土による作品作りを体験する時間です。

　「陶芸てらす」は、ポスターでご近所にお知らせしていますが、ポスターも彼の作品です。古い日本家屋やおかめ、ひょっとこ、浮世絵の画像など、彼が愛する日本古来のイメージがふんだんに盛り込まれています。ご近所の方からは、「印象に残る」「誰が作っているのですか」「プロに頼んでいるのですか」と好評です。

　「陶芸てらす」は、平成26年から年に数回実施してきましたが、２歳～70代まで幅広い参加者があり、彼を目当てのリピーターも増えてきました。

　特に子どもにとって村松さんは、陶芸で作ったコマを動かすゲームや虫取りの相手になってくれる「陶芸のお兄さん」であったり、子どもの質問をよく聞いて得意の雑学を活かして答えてくれる「博学の先生」であったり、大変な人気者です。

　障害のある利用者にとっても、彼は同じ目線に立って関わる優しい支援者です。そのご家族に情報を伝える連絡帳の記載は、彼の苦手な読み書き作業ですが、時間をかけて毎日記載しています。

　これからも、ユニークな個性を園の仕事に活かしてほしいと期待しています。

❺ 起業・自営という選択

● 実は、起業して成功している人は多い

　ディスレクシアの人には、起業が向いていると言われています。人が作ったマニュアル通りには動けないこともありますが、他の人と違った考え方やアプローチができるので、素晴らしいリーダーとなり、新しい分野の開拓や手法、技術などを追及していくことができます。

　海外では成功している企業の経営者の50％くらいはディスレクシアという記事が雑誌に掲載されたことがあります。

　リチャード・ブランソン（ヴァージングループの会長）、リー・クアン・ユー首相（シンガポール建国の父）、ジェームス・ダイソン（掃除機や空調機、ヘアドライヤーなどの開発者）、スティーブ・ジョブス（アップル社、マッキントッシュをはじめ、アイホンやアイパッドの開発者）などです。

　自営やフリーランスという方法もあります。

　バラ作り、造園家、画家、建築家、電気技師、通訳（翻訳はあまり勧めません）、カウンセラー、コピーライター、IT系（ウェブ

デザイン、ソフト開発)、商品デザイナーなどがあります。

● 起業、自営業をする時には

　信用できる代理店に登録する、または得意の人間力でつながりを作る、今だったらSNSや自分でホームページを作成してカタログ代わりにするなど色々な方法があります。
　この際注意したいのが、納期を間違えたり、仕様を間違えたり、請求し忘れたりなどの、本来求められている業務とは別に必要な、バックオフィス的なことです。本来の力はあるのに、事務的なことで信用を失ってしまっては元も子もありません。誰かに補ってもらったり、外部委託したりするといいでしょう。

● 事務能力に長けた人とのコラボが不可欠

　起業する時に忘れてはいけないのが、自分の弱みを補う方法です。色々な機器が開発されてディスレクシアのほとんどの困難さはしのげるようにはなってきていますが、パートナー、マネージャーまたは秘書的な人で、事務能力に長けている人と組むことをお勧めします。
　アイデアだけでは、絵に描いた餅で終わってしまいます。素晴らしい発想を、他の人がわかる形にまとめてくれる人がいると、起業したあとも継続することができます。

● 代理店・エージェンシーに登録する

　ある能力が突出しているのなら、代理店に登録する方法があります。写真家、イラストレーター、通訳、心理士などでしたら登録しておいて、代理店が面倒な営業や書類作業は済ませてくれて、自分の能力で勝負ができます。良い代理店だと、個性や得意な分野に合わせて仕事を入れてくれます。
　また、先に仕事の条件など（出張できるのか、自宅作業がいいのか、週に何度働きたいのか）を伝えておくことができます。

● 吟味して資格を取る

　資格を取るのは、ディスレクシアの人にとっては、難しいものが多いですが、運転免許がないだけでも仕事の幅は狭まってしまいます。運転はしないほうがいいディスレクシアの人もいますが、空間認知を活かしてF1レーサーになっている人もいます。
　まずは、自分がどんな方向に向いているのか、その仕事のために必要な資格を取ることをお勧めします。試験の際に合理的な配慮（読み上げ、時間延長、別室受験など）を受けることができるよう交渉しましょう。
　また、ディスレクシアの人は、資格を取るよりも弟子入りして技を学ぶほうが向いていることもあります。

起業した人 1

笑顔で自分のやれることを

クオレ・コーポレーション代表　　伊谷 江美子さん

●自分のやりたいこと、やれることを考えて

「伊谷さんって、いつ見ても明るくて元気そう！」
「誰とでも、すぐに親しくなれていいね！」
「いつも楽しそうに、仕事してるね！」と人から言われます。
　確かに今の私はそうかもしれませんが、最初からそうだったわけではありません。むしろ人一倍、人間関係、自分の駄目さに悩んだほうかもしれません。
　離婚して仕事を探したけど、どこでも雇ってもらえない。それなら、自分で会社を作ろうとCA時代の仲間と会社を作りました。人材派遣と研修の会社です。こんなに働きたいと思っている人がいるにもかかわらず、社会や企業が雇ってくれないのなら、その女性と企業の橋渡しをやりたいと人材派遣を、何も売るものはな

いけど、ＪＡＬの訓練所で受けた接遇の研修をビジネスマナーとして、企業や行政の研修を。自分のやりたいこと、やれることをまず考えて起業しました。

● 笑顔でいれば

　自分のやりたいこと、自分の出来ることで起業を考えてみてください。笑顔でがんばっていると、必ず誰かが助けてくれます。
　私は、自分が壁にぶつかって辛い時、又苦しい時、悲しいことがあった時は、鏡に向かって泣きながらでも笑顔を作ります。笑顔というのは、相手に楽しい人だなぁとか、明るい人だなぁなどという第一印象をもってもらえます。そして、ストレス発散にも役立ちます。他人の冷たい言動で傷つけられないように、笑顔の仮面をかぶると傷つかないし、元気でいれます。
　笑顔は楽しい、明るい、嬉しい信号です。大いにこの信号を出して、プラスを伝えましょう。みんな悲しい、辛い、暗いことより、楽しい、明るいことが好きです。

● 最高の笑顔で人脈作りを

　仕事をしようとする時、誰であっても、どんな仕事でも、１人で達成することは難しいです。必ず色々な人の協力が必要になってきます。特にディスレクシアだと、誰かのサポートが無いと仕

事ができません。

　私が起業した時もそうでした。会社を上手く経営していくには色々なことをしなくてはいけません。でも、私は何もわからなかったし、人脈も持っていませんでした。そこで私が最初にしたことは仲間づくりでした。

　起業する時に忘れてはいけないのが、自分の弱みを補う方法です。とにかく秘書的な人で、事務能力に長けている人とサポーターとして組むことをお勧めします。自分のやりたいことをビジネスにしたり、具現化するにはこのような人が必要です。

　独特の感性をもって、他にはないサービスや技術をもとに、彼らのサポートを得て仕事をしましょう。
特に人との出会いの場面では、最初の数分の印象で次の人間関係に進めるかどうかが決まります。最高の笑顔で人脈作りをしていきましょう。

●思ったら行動に！

　「思い」を持ったら、まず「行動」。行動を続けていくと、「習慣」になります。習慣を続けていくと「性格」が変わります。性格が変わると、「人生」が変わります。
　思ったらとにかく行動に！

起業した人 2

本来の能力を発揮しながら

NPO法人エッジ代表　　藤堂 栄子さん

● フリーランスの通訳から起業へ

　もう20年以上前、私は40歳で起業しました。自分では、まだディスレクシアであることを自覚していませんでしたが、2人の子どもを産み育てた、何の資格も持っていない自分を雇ってくれる企業がないことを実感したことと、日本の企業に染まらない自分が見えていたからでもありました。

　子どもが小さいころは、景気の良いバブルのころでもあり、住んでいるのも都心だったので、フリーランスの通訳として働き始めました。きっかけは、あとから本人もディスレクシアと判明する数歳年上の友人から誘われたからでした。

　耳から聞いて一語一句は覚えていないのだけれど、全体の意味を理解して他の言語に置き換えることは得意で、よくクライアン

トから、「わかりやすい通訳」と言われていました。

　子どもたちが小学校高学年になるころ、大きな企業から翻訳の仕事がきて、「会社組織にしないと発注できない」と言われ、第1回目の起業をしました。

　どうしてかわからないけれど、通訳は全然疲れを覚えずにできるのに、翻訳だと一生懸命にやっても全然進まず、疲れだけたまることを自覚していました。そのころは、まだ自分が帰国子女で日本語が下手だから翻訳が苦手なのだと思っていました。

　その仕事のためだけに会社を作るのは違うと思い、まず自分の棚卸しをしました。

●やりたいことを実現するために

　できること、これまでやったこと、自分の技術（パソコンなどのIT）、相関図、人脈などをリストアップして検討してみました。

　実際の起業には、熱意や志だけではたどり着けません。頼もしいパートナーが名乗りを上げてくれました。できることとやれることは見えていましたが、各種役所への届けなどもまだ手書きの時代だったので困難を極めましたが、パートナーのTさんが力を貸してくれました。依頼された仕事はできるのだけれど、問題は請求書を立てることや税金、社会保障、謝礼の支払いなどの事務作業がことごとく滞り、四苦八苦しました。

　10年ほど行ってわかったのは、できても本来の業務に支障をき

たすほどの困難さがある場合は、専門家に依頼する（会計士、司法書士）、チェックする人を雇う（文章や誤字脱字、表現、個数など）ことが大切であることです。そのためにも、まずはできることと不得意なことの棚卸しをしておくことが大切です。

ＩＴを使っての小さな事業は、あっという間に古臭くなるほど進歩が速く、後半は不得意な翻訳はやめ、通訳と企画に特化することでどうにかしのいでいました。

● ＮＰＯを開設

会社の場合は１人でも構いませんが、ＮＰＯ法人の場合は少なくとも10名の賛同者を集めるところからはじまります。この10名は、後々理事になることも考えて、できるだけ幅広い分野の方に関わってもらうことが必要となります。

ＮＰＯは、社会的に意義があり、公益活動を行うこととなっています。はじめは理事が全員保護者であったため、熱意が先走り、実際の活動になかなか結びつかないことや、規模感の差が大きくて仕切り直しとなりました。その時から現在に至る理事の構成は、全員がちがう背景からの選出となっており、バランスが取れていると思います。

ＮＰＯとしてまず必要なのはミッションです。何を使命としているのか、そのために何を目的としてどのような活動を行うのかを、はじめに議論を重ねて明確にする必要があります。

ＮＰＯは、用件を満たして承認を得るまではできるのですが、継続するには本来の目的に支障が出るくらい、事務作業の数が多く複雑です。ディスレクシアでなくても相当しっかりとした事務局がいないと、提出する書類に埋もれてしまいます。

●「ＮＰＯ事業サポートセンター」をバックオフィスに

　発足から５年間は、港区のＮＰＯハウスという30余りのＮＰＯが同居する長屋のような場所に入居していました。

　中間支援団体である、「ＮＰＯ事業サポートセンター」がバックオフィス的に管理人、印刷機や大企業の引っ越しで出たオフィス家具の無料供与など数々のサービスの提供をしてくれました。

　NPO用の会計士や司法書士、事務代行などもNPO価格でお願いすることができました。【ＮＰＯマネジメント講座】の受講者をインターンとして配置すると、そのあとエッジのマネジメントを手伝ってくれたこともありました。

　福祉サービスではないのですが、実はこのサービスがあったからこそ、私たちのＮＰＯは、16年の長きにわたって継続して来られたのだと思います。

　このように、ディスレクシアに限らず、障害のある人たちの起業や自営を後押しし、必要な事務作業や障害ゆえの困難さを軽減することを担うサービスがあれば、もっと多くの人が本来の能力を発揮しながら起業や自営をできるのではないかと思っています。

DX度チェック

質問に当てはまる答えの数字を〇で囲み、最後に合計して下さい。

質問　Part 1

	めったにない	時々ある	よくある	ほとんどいつも
1　よく似た文字（「る」と「ろ」など）を見間違える	3	6	9	12
2　読んでいる箇所を見失ったり、飛ばすことがある	2	4	6	8
3　物の名前を取り間違える（椅子と机など）	1	2	3	4
4　左右を間違えて言うことがある	1	2	3	4
5　不慣れな場所の地図は読みにくい	1	2	3	4
6　短い文章を理解するために読み返すことがある	1	2	3	4
7　1度に複数の指示があると混乱することがある	1	2	3	4
8　電話の番号を間違えて書き留めることがある	1	2	3	4
9　正しいことばを見つけて使うことが難しいと感じることがある	1	2	3	4
合計				

質問　Part 2	簡単	難しい	努力が必要	非常に困難
10　英語の綴りをどのように発音するかがわかる	3	6	9	12
11　紙に考えを系統立てて書くことができる	2	4	6	8
12　九九を覚えることができた	1	2	3	4
13　外国語を書くことを学べる	1	2	3	4
14　アルファベットを暗記することができる	1	2	3	4
15　問題に対する解答を独創的に考えられる	4	3	2	1
16　音読することができる	1	2	3	4
合計				

ディスレクシア度

40点未満　……　ディスレクシアの要素は少ない

45点〜59点　……　軽度の症状のディスレクシア傾向がみられる

60点以上　……　典型的な、あるいはかなり重いディスレクシア症状がみられる

● 合理的配慮について

　ディスレクシアというだけで障害者手帳を取得することは難しいのですが、診断書と読み書きの困難さの程度を記したものを提出することで合理的な配慮を求めることが可能になります。環境、業務内容、使用機器、環境などの変更・調整を求めるものです。
　職場で考えられる合理的な配慮については下記のようなものが考えられます。

- 指示の出し方をわかりやすくする。
- 静かな環境にする。
- 報告書などの記入を他の人がする、PCやタブレット、スマートフォンなどで代替する。
- 報告書のフォーマットを変更する。フォント、文字サイズ、行間、紙の色、文字の色、読み上げ機能の使用、イヤホンなどの使用。
- マニュアルなどを図解や体得できるような方法に変更する。
- ディスレクシアの人が不得意なことに長けた人と、ディスレクシアの人が得意なことが苦手な人でチームを組む。
- スケジュール管理などの工夫。
- 問題が起きることがわかる業務は任せない。（電話の受付）
- チェック機能を持つ。（仕入れの発注では違うものを違う数発注してしまうことも）
- 疲労度に合わせて勤務時間の調整。

この他に、感覚の過敏や鈍麻、不注意や記憶の問題、字義通りに受け取ることへの対応なども必要になるかもしれません。

*詳しくは、内閣府ホームページ http://www8.cao.go.jp/
〈内閣府ホーム → 内閣府の政策 → 共生社会政策トップ → 障害者施策〉

● けんせつ的な対話

民間では努力義務なので全てをそのまま適用することは困難かもしれません。でもまずはこちらから申し出ることから始まります。調整・変更を加えるとどのような効果があるのかを説明できるようにしておくと伝わりやすいでしょう。

● 障害者権利条約、障害者差別解消法について

障害者権利条約、障害者差別解消法に基づき2016年4月から公的な機関はすべて義務として、民間では努力義務として、障害者を差別してはならない、合理的な配慮を提供する、合理的な配慮を提供しないことも差別、過度の負担でない、また合意に向けて建設的な対話をする、合意が得られない場合の調整機関を設けるとあります。

*インターネットなどで【対応指針】で検索をすると情報が出てきます。

診断を下せる医療機関はまだ限られていますが、読み書きの困難の程度は以下に簡便なアセスメントを行うことで平均的な日本人と比べてどの程度困難なのかがわかります。

このことに加えて、自分がどのようなところで不便があるのか、それにはどのような解決方法があるのかをある程度把握して、伝えられるようにしておく必要があります。

合理的配慮について

●多重知能(マルチプルインテリジェンス)について

マルチ知能理論(Gardner, 1999)による8つの知能

[Gardner, (1999)とArmstrong(2000)を参考に涌井恵(2011)が作成]

言語的知能 ことば	話しことばや書きことばを効果的に使いこなす力。説得力やことばを使って覚えた記憶力など。
論理・数学的知能 かず	数字を有効に使えたり、何かを明快に論証できる力。分類、類推、予測、仮説の検証ができるなど。
空間的知能 え	視覚的・空間的に物事を捉えたり、視覚的・空間的な認識を自由に転換できる力。絵、色、線、形、距離に敏感に反応できたり、イメージできる力など。
音楽的知能 おんがく	多様な音楽の種類を認識したり、識別したり、作曲したり、何かを音楽で表現(演奏)したりできる力など。
身体・運動的知能 からだ	物事を自分の体で表現したり、ものを自分の手で作ったり、作り替えたりする力。協調動作やバランス、手先の器用さ、身体的な強さや柔軟さ、機敏さなどを含む。
対人的知能 ひと	他人の感情やモチベーションを見分ける力。人間関係における様々な合図を読み取れる力など。
内省的知能 じぶん	自分の長所や短所を正確に把握し、気性や願い、目標、動機づけなどの自覚ができる力。また自分自身を律したり、大切にする力など。
博物的知能 しぜん	様々な種類の植物や動物を認識したり、分類できる力。自然現象への敏感さや、いろいろな無生物の物質のちがいを区別できる力など。

あとがき

Never Give In　決してあきらめるな
Winston Churchill
（彼もディスレクシアでした）

　「ディスレクシアでも大丈夫！」出版から7年。やっと成人したディスレクシアの人たちへの対応が少し話題になってきました。それでも「発達障害」という大きな枠、「自閉症スペクトラム」という大きな概念に飲み込まれそうです。

　社会性にはほとんど問題がなく、行動面でもそれほど目立たないと見過ごされて、気づかれず、自分でも自分の本当の力に気づかないまま最適な働き方に巡り合えずにいるディスレクシアの人はとても多いのではないかと思います。

　成人した「発達障害」の人の就労支援の方法とか、ＩＣＴによる支援については色々と書物がありますが、本人向けの「働き方」にたどり着くための本は、これまでにないのではないかと思います。ほとんどの本が、企業や雇用主の視点から言われている望ましい姿に、合わせるにはどうしたらよいかという内容でした。

今回フィーチャーしたのは、学生のころには「合理的な配慮」などというものが無いころに育ち、自分を知り、工夫をして、転職を重ねながら自分の働き方にたどり着いたロールモデルとなりうる人たちです。彼らの工夫する力から学びたいと思います。

　次の世代の若者たちは、先駆的に「合理的な配慮」を受けて教育を受け、受験をしている人たちです。彼らにとっても、早くから自分の働き方を見つけることは大切です。すでに働き始めている人たちにも、一考してほしい項目がちりばめられています。
継続して働くためにも、ヒントとなる項目がたくさんあるのではないかと思います。

　成人しているのだけれど、思ったような仕事についていない、息苦しいと思った時に役に立つこともあると思います。もうすぐ成人するのだけれど、どうやって社会に出ようと悩んでいる人にもヒントがあります。支援する方たちにも、保護者にも読んでほしいなと思います。

　皆さんへ先輩たちからのエールです。

2016年11月　藤堂栄子

藤堂 栄子（とうどう えいこ）

現職：NPO法人エッジ会長、星槎大学特任教授

1953年　横浜生まれ
1976年　慶応義塾大学法学部政治学科卒業
1976年〜1982年　欧州共同体委員会駐日代表部広報部勤務
1982年〜1995年　フリーランス通訳者
1995年〜　（有）ToDo Planning代表
2004年〜2016年　港区個別支援室室長、一般社団法人JDDnet理事、理事長歴任
2016年　星槎大学大学院教育学修士

横田 健
（よこた けん）

現職：食品メーカー勤務

農業大学を卒業。現在は、障害者枠で大手食品会社で働く。DX会の就労ワークショップで当事者として参加。

柴田 章弘
（しばた あきひろ）

現職：NPO法人エッジ勤務

1958年、東京生まれ。慶応義塾大学文学部（通信教育課程）卒業。DX会世話役を勤め、成人ディスレクシアを支援。

村松 洋一
（むらまつ よういち）

現職：練馬福祉園勤務

1976年、東京生まれ。美術専門学校卒業。会創設時からの会員。例会でリーダーシップをとり、シンボルマークをデザイン。

藤堂 高直
（とうどう たかなお）

現職：建築設計事務所勤務・建築家

1983年、東京生まれ。イギリス建築大学AAスクール卒業。子ども向け建築ワークショップ実施や当事者として講演。

● 本書では、ディスレクシアの人が読みやすいように
・フォント（平成ゴシックW３）、サイズ（9.8）、行間や字間、紙質を選んでいます。
・読みやすいことを目的として、漢字を多く使っています。（日本語は、漢字であることで意味を取ることができます。また、ルビを振ることで混乱があることもあるので、ルビは振っていません）

ディスレクシアでも活躍できる
—— 読み書きが困難な人の働き方ガイド

編著者　藤堂 栄子／著 者　NPO法人エッジ

初版発行　2016年12月25日

発行所　ぶどう社

編集担当／市毛さやか
〒101-0054　東京都千代田区神田小川町3-5-4 お茶の水 S.C. 905
TEL 03 (5283) 7544　FAX 03 (3295) 5211
ホームページ　http://www.budousha.co.jp

印刷・製本／モリモト印刷　用紙／中庄

ディスレクシアでも大丈夫！
読み書きの困難とステキな可能性

藤堂 栄子 著　　本体1600円+税

上野一彦先生
「困難を乗り越える知恵と工夫、どのように能力が開花していくかが見事に示されている」

1章　読み書きの困難について
2章　読み書き以外の困難と得意なこと
3章　ライフステージにそって
4章　息子の成長――誕生から就職まで
5章　僕がイギリスで受けた支援

学習支援員のいる教室
通常の学級でナチュラルサポートを

Learning Support Assistant

藤堂 栄子 編著　　本体1800円+税

通常の学級の中の支援を必要とする子どもたちへ、サポートを！

1章　学習支援員制度の成り立ち
2章　学習支援員制度の仕組みと内容
3章　学習支援員の実践――小学校低学年
4章　学習支援員の実践――小学校高学年・中学校
5章　学習支援員制度への期待と提言

＊全国の書店、ネット書店からご注文いただけます。お急ぎの方は当社へ（送料無料）